Sketches: Quick & Easy

Barbara Baumann

SKETCHES:
Quick & Easy

Schnelle Scribbles
für jeden Tag

Inhalt

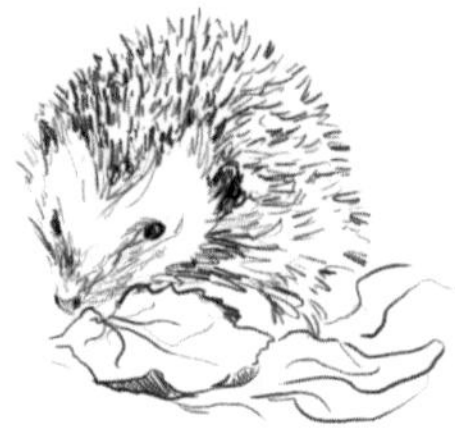

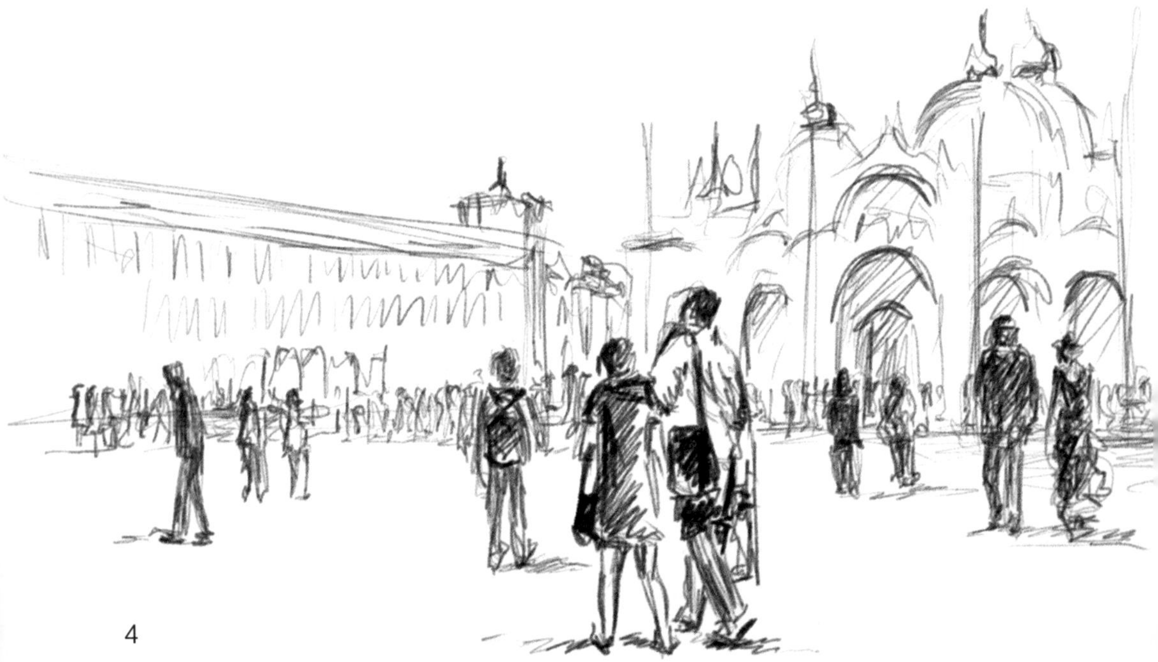

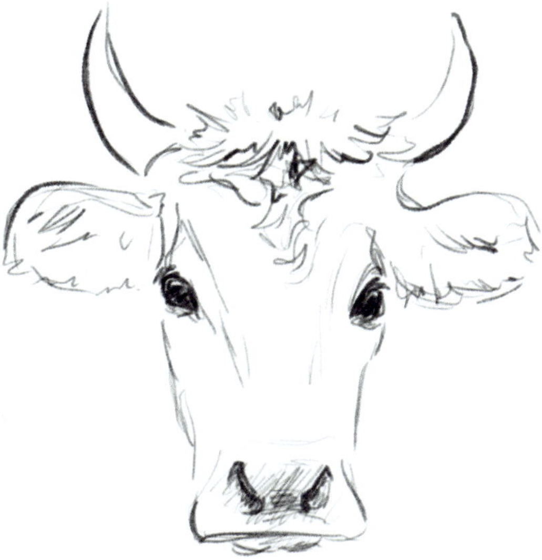

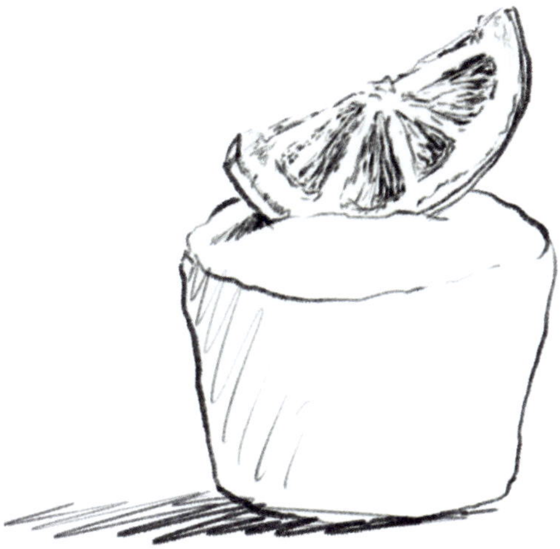

UNTER UNS GESAGT

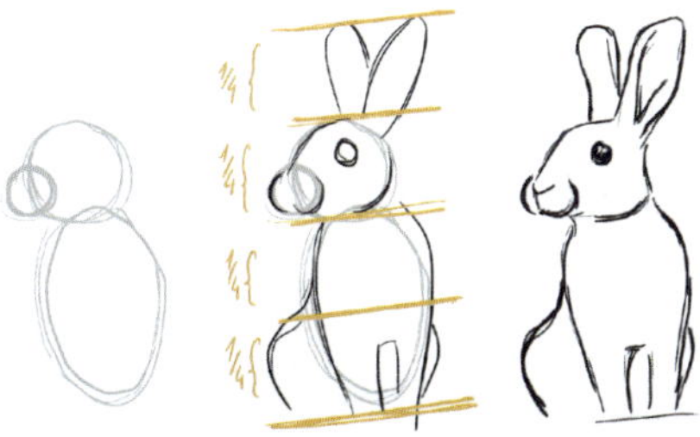

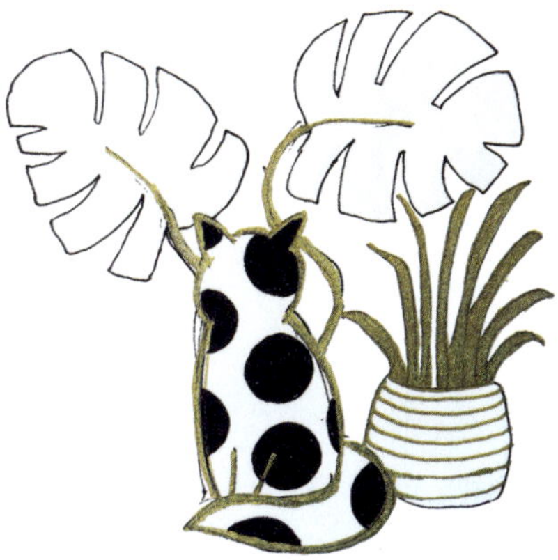

Herzlich willkommen in der Welt des Zeichnens!

Wie wundervoll, dass du da bist und in deinem Alltag Platz für Kreativität und tägliche kleine Sketches schaffst!

Gleich mal vorweg: **Beim Zeichnen geht's nicht darum, perfekt zu sein.** Es geht vielmehr um den Ausdruck. Um die Lebendigkeit. Um die Darstellungsmöglichkeiten.

Warum ich gleich mit der Tür ins Haus falle?
Weil das eines der größten Themen ist. Bei der Zeichnung gibts immer ein Endergebnis – entweder auf Papier oder digital. Etwas, das hergezeigt werden kann. Dadurch haben wir beim Zeichnen automatisch das Gefühl, es „herzeigefähig" gestalten zu müssen.

Eine detailreiche Porträtzeichnung. Ein farbenprächtiger Sketch eines Chamäleons. Beeindruckende Körperstudien.

Irgendwie dreht sich immer alles ums Ergebnis.
Dabei geht es doch um den Prozess des Zeichnens.
Dieses „Sich-Vergessen" und entspannt Zeichnen.
Dieses Versinken ins Papier.

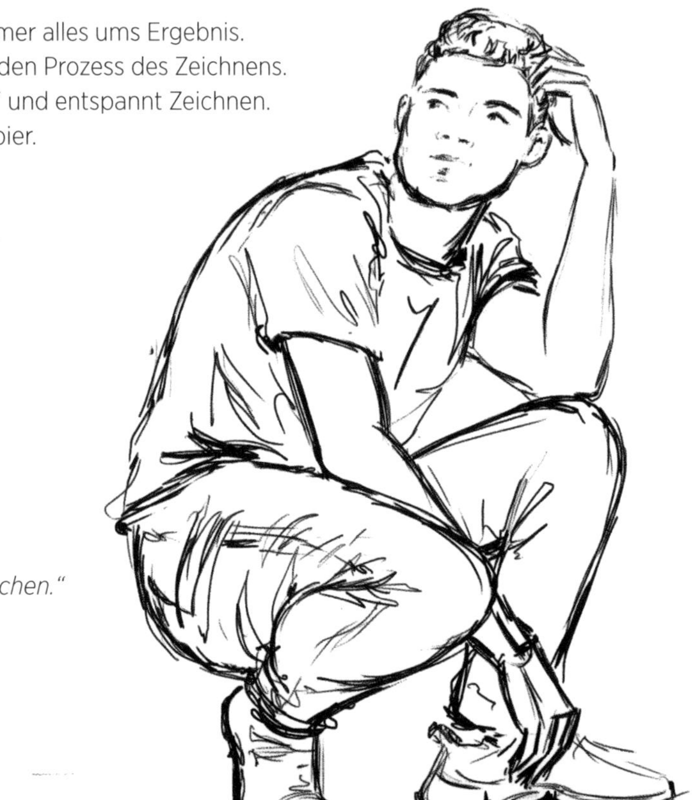

„Gib deiner Hand die Freiheit zu zeichnen und das Ergebnis wird dich selbst überraschen."

In jeder und jedem schlummern Kreativität und unglaublich tolle Zeichenfähigkeiten.

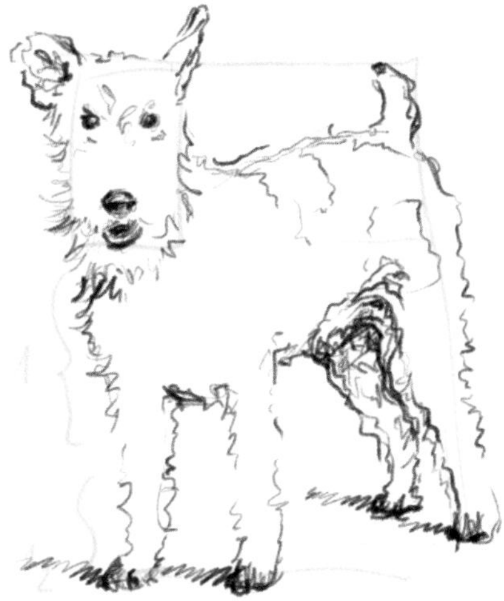

Mit diesem Buch kannst du diese Fähigkeiten wecken.
Oder, wenn sie sich bereits zeigen, noch verstärken.
Fördern. Nähren. Zum Ausdruck bringen.

In diesem Buch geht's nicht um das Ergebnis – obwohl es ein tolles Ergebnis sein wird. Es geht darum, dass du dir selbst und deiner Hand vertraust. **Du kannst unglaublich geniale Dinge zeichnen – und genau das holen wir mit diesem Buch aus dir heraus!**

Ich freue mich, dich in deinem Zeichenprozess begleiten zu dürfen. Es ist wunderbar, dass du Teil unserer Zeichengemeinschaft bist. Und ich bin gespannt auf deine Sketches!

Gemeinsam gehts immer einfacher. Zusammen finden wir Inspiration und Motivation. Auf meiner Seite (www.baumann-illustration.at) findest du sehr viele Wege, ein noch größerer Teil unserer Gemeinschaft zu werden.

Kurzum: **Es geht in diesem Buch nicht um die perfekte Zeichnung.
Sondern es geht ums Zeichnen.**

Um das WIE.
Um das WARUM.
Um das WANN.
Und um vieles mehr.

Am besten, du befreist dich gleich zu Beginn von der Erwartungshaltung, die perfekte Zeichnung zu zeichnen, und genießt unsere gemeinsamen Zeichenmomente. Dann wird das Ergebnis automatisch genial.
Versprochen.

„Regelmäßig mit Barbara zu zeichnen hatte eine richtig gute Auswirkung auf meine Sketchbook-Zeichenroutine."
Tobias Berka

„Tägliches Zeichnen wird so normal wie frühstücken. Und es wird jeden Tag leichter."
Elisabeth Minichbauer

Hey,

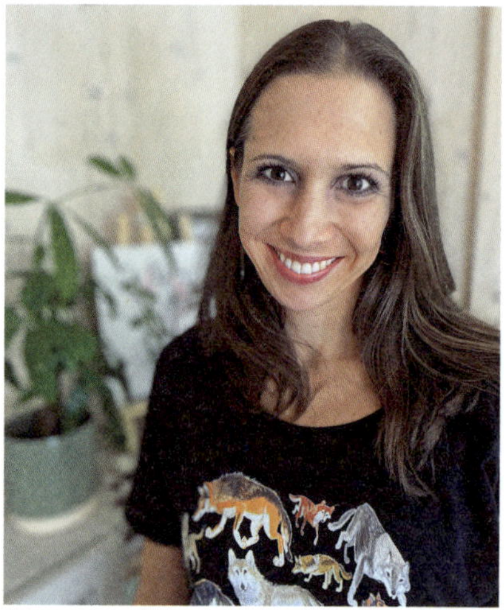

mein Name ist Barbara Baumann.

Ich bin mehrfach ausgezeichnete Illustratorin und internationale Zeichentutorin aus Österreich und Mutter von drei wundervollen, kreativen Kindern.

Dies hier ist wohl die Seite, auf der ich schreibe, dass ich immer schon gezeichnet habe, seit ich einen Bleistift in der Hand halten konnte ... tja, nicht so ganz:

Zeichnen hatte schon immer einen wichtigen Platz in meinem Leben (ich habe sogar einen Zeichenwettbewerb in der Volksschule gewonnen, das Thema zieht sich also durch), aber dazwischen gab es auch so richtig lange Pausen. Eine davon war nach meinem Studium „Design- und Produktmanagement". Lag wohl daran, dass sich hier alles nur ums Kreativsein gedreht hat. Es fiel mir aber schwer, Zeichnen mit Umsatzzahlen zu verbinden und im Industrial Design meine Zukunft zu sehen. Darum gings erst mal ins komplette Gegenteil: Ich arbeitete sechs Jahre als Database-Marketing-Managerin im Statistikbereich einer französischen Firma.
Aufgrund meiner beruflichen Nähe zum Französischen habe ich neben meinem Beruf ein Studium in Soziologie auf Französisch gemacht ... und dann (du wartest sicher drauf, wann der Bogen wieder zurück zum Zeichnen kommt), erst dann, nach einer Bildungskarenz, habe ich begonnen, wieder das zu machen, was mir nun mal am meisten Spaß macht: **zeichnen, illustrieren & sketchen.**

Seit 2013 arbeite ich selbstständig als Illustratorin – mit wirklich tollen Projekten, die eine Freude sind, sie zu zeichnen. 2015 begann ich international Zeichenkurse zu geben – online und vor Ort, auf Deutsch, auf Englisch und auf Französisch – und bin, damals wie heute, nach jedem Kurs ganz fasziniert von der kreativen Energie, die in einer Gruppe entstehen kann.

Und genau das ist der Grund für dieses Buch: um dir die Möglichkeit zu geben, Kreativität in deiner Tasche mitnehmen zu können: zum Einlesen & Übungen machen – spontan, für ein paar Minuten am Tag (oder mehr natürlich).

Lass uns gleich beginnen!

Meine Lieblingszitate

Gras wächst nicht schneller, wenn man daran zieht.
Gedanken werden zu Dingen, wähle die guten. Mike Dooley
Love it, change it or leave it.
Innere Ordnung gibt die äußere Ordnung.

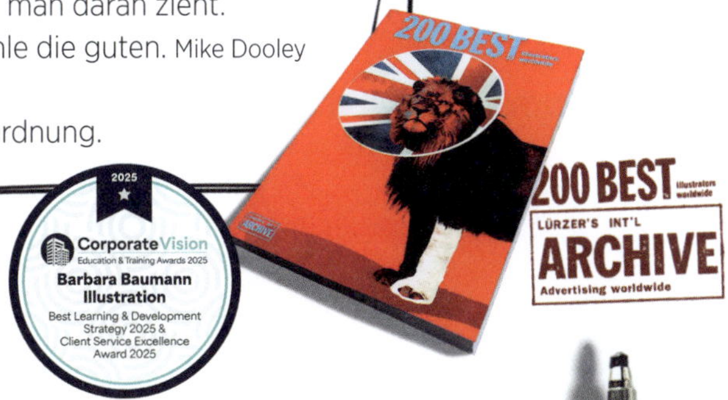

Meine Seite
Plattform für Illustrationen und internationale Zeichenkurse

Meine Lieblingsstifte

Kein Lineal.
Nie.
Ich brauche einfach irgendwie diese Freiheit am Papier.
Diesen Mut zur Linie – voller Dynamik übers Papier gezogen.

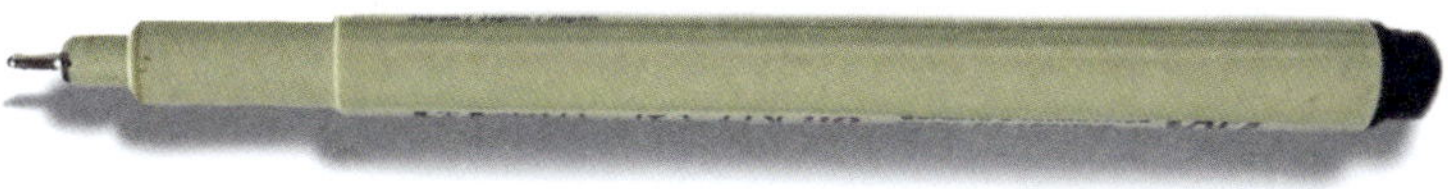

Meine Lieblingswörter:
quasi
spontan
herausappern*
herrlich
genial
wundervoll
Sketch

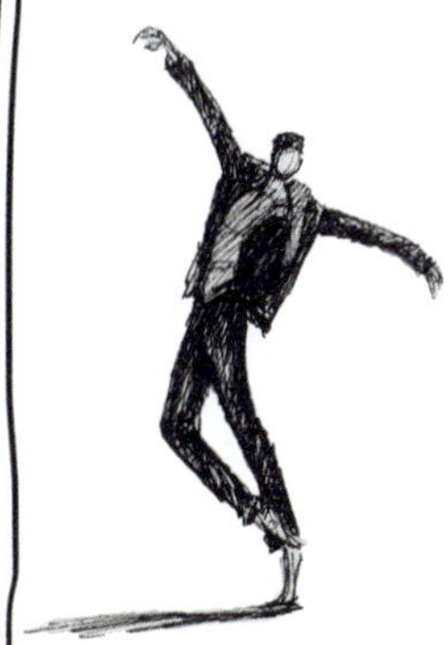

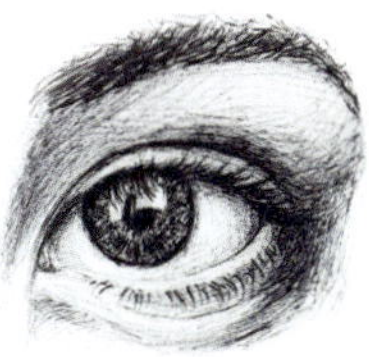

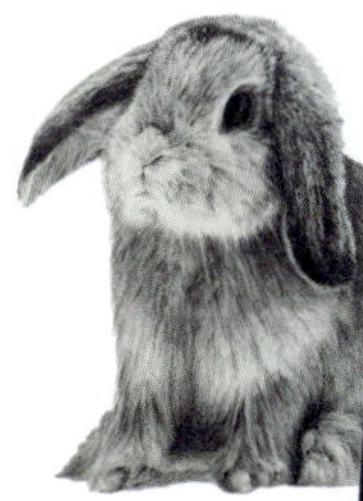

* Das schrittweise, langsame Erscheinen; die Zeichnung erhält immer mehr Information und wird immer ausdrucksstärker

Es ist deins

Ich weiß, ich weiß, wir sind darauf trainiert, nicht in Bücher zu zeichnen.
Es ergibt auch meist Sinn. Allerdings nicht bei diesem Zeichenbuch.

Denn den allergrößten Lerneffekt erzielst du beim Zeichnen nun mal, wenn du gleich direkt mitzeichnest. Und noch effektiver wird das Üben, wenn du bereits alles vorbereitest, was du dafür benötigst: Stift & Papier.

Punkt 2 ist bereits erledigt. Dieses Buch IST dein Papier.
Dein Sketchbook.
DEINS.
Empfinde dich und deine Zeichenschritte als absolut wichtig und wert, dass du direkt ins Buch zeichnen darfst. Gib dir selbst die Erlaubnis dazu (meine hast du bereits).

Und JA: Zeichne ruhig über die Linien!

Wenn du mit der Hand manchmal beim Zeichnen das Motiv überdeckst, dann kann das auch seine Vorteile haben fürs Sehen lernen. Präge dir das Motiv gut ein und vergleiche es später. Alleine schon durch dieses Vergleichen wirst du beginnen, mehr zu sehen.

„Einfach ins Buch zeichnen fühlt sich schräg an. Irgendwie verboten. Aber trotzdem diesen Schritt zu machen, hat richtig viel für mich verändert:

Ich warte nicht, bis meine Zeichnungen perfekt sind, ich tue es einfach. ***Meine Zeichnungen sind mir wichtig, und deshalb zeichne ich ins Buch.“***

Deine Sketches

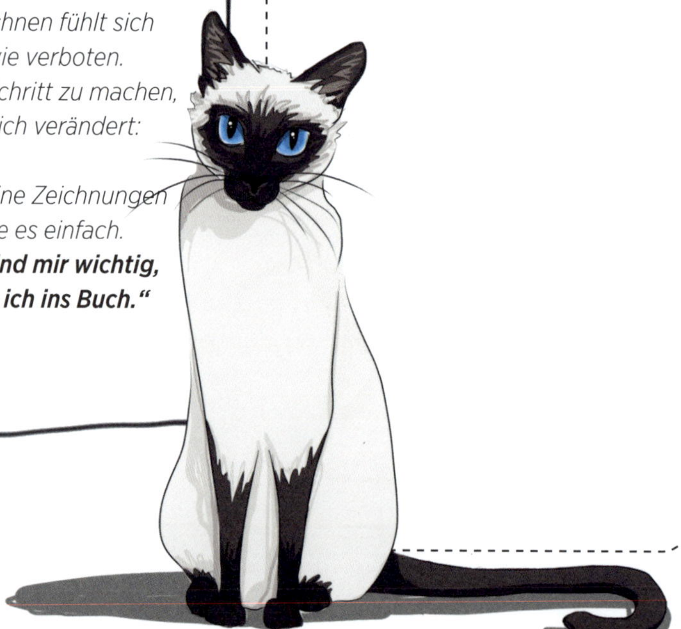

Warum wirkt es so stark, wenn du gleich in dieses Buch hineinzeichnest? Weil du sofort in die Umsetzung kommst. Und weil es in deinem Inneren etwas mit dir macht. **Hinterlasse deine Spur. Du bist wichtig.** Es ist nicht ein Zeichenbuch, das zeigt, wie es geht. Es ist ein Buch, das dich ins Tun bringt. Das deinen Blick schärft und deine Hand trainiert. Es sind viele Techniken in diesem Buch verpackt, die dir Wege zeigen, dich im Sketchbook auszudrücken – komplett unabhängig vom Motiv.

Dein Zeichenbereich
Allerdings sollte dich das nicht davon abhalten, auch überall sonst ins Buch zu zeichnen!

Deine Sketches

Aufwärmsketch:
Lass uns gleich gemeinsam beginnen, hier gehts zum Video:

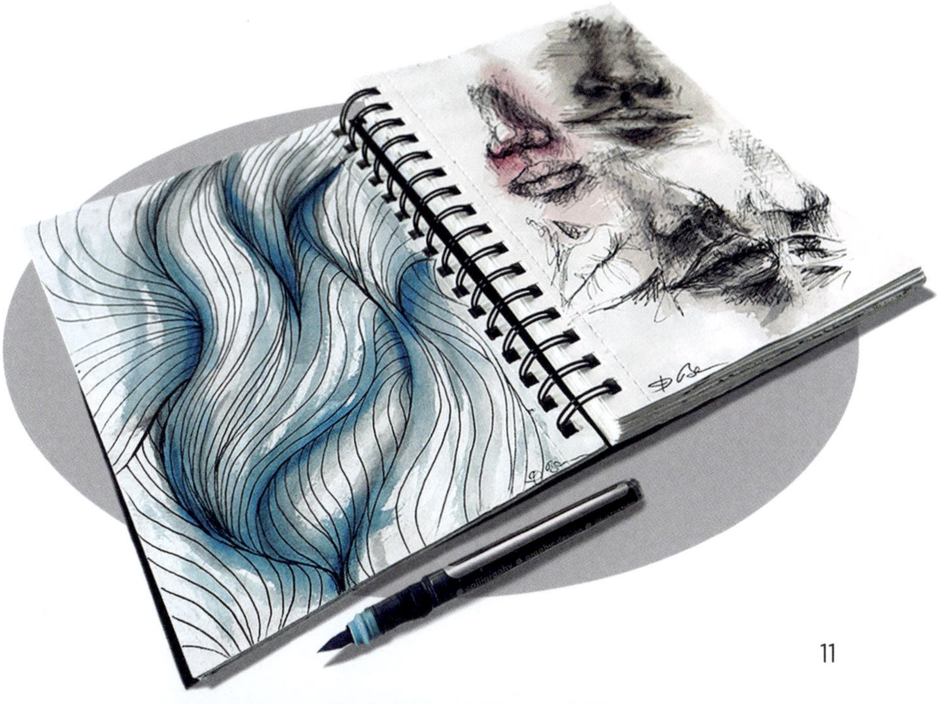

Inspiration

Woher ich meine Inspiration nehme?
Ich weiß, Aussagen wie „ich lasse mich von der Natur inspirieren“ verwirren manchmal mehr, als dass sie eine Erklärung liefern. Auch wenn sie absolut wahr sind und wir unbewusst wohl alle die Natur rund um uns als Zeichenvorlage nutzen. Bevor wir einen Hund frei zeichnen können, müssen wir nun mal wissen, wie ein Hund aussieht …

Aber wie kann ich mir bewusst Inspiration holen? Wo fange ich an?

Tipp #1

Langsam angehen:
Zeichne nicht gleich eine gesamte Gebirgskette. Sondern einfache Strukturen. Muster zum Beispiel. Gehe hinaus auf eine Wiese, setze dich hin (wenn sich die Möglichkeit bietet) und sieh dich um.

Was siehst du? Gekräuselte Wolken? Dunkle, wirre Linien von den Birkenästen neben dir? Überlappende Grashalme? Eine Ziegelmauer neben dir? Nimm genau diese minikleinen Eindrücke und zeichne sie auf. Und dabei ist wichtig: **Zeichne, was dich interessiert.**

Deine Muster

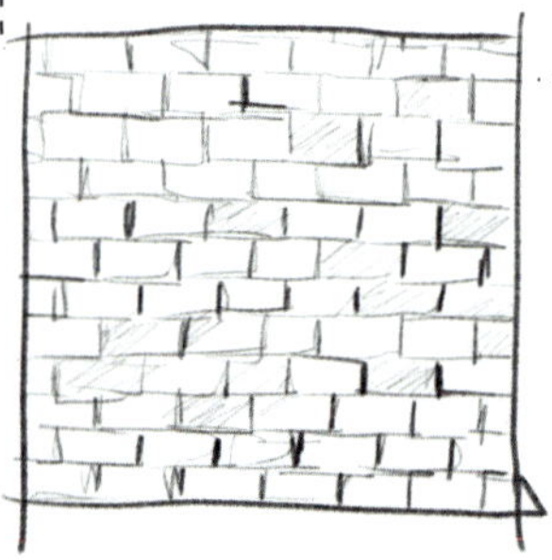

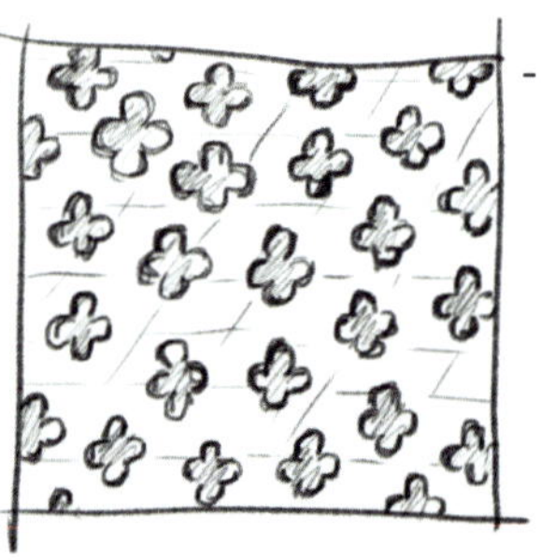

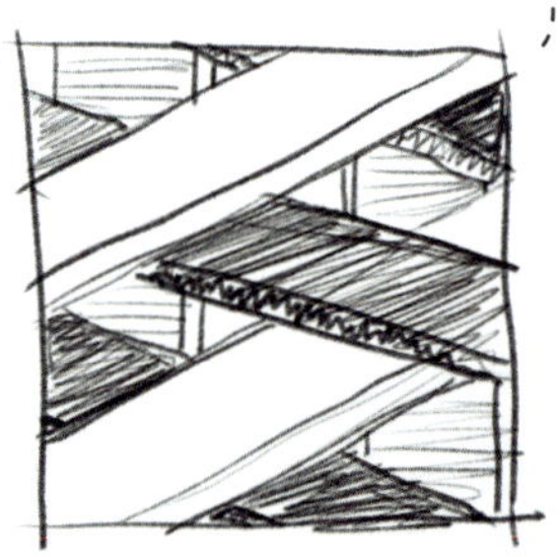

Deine Sketches

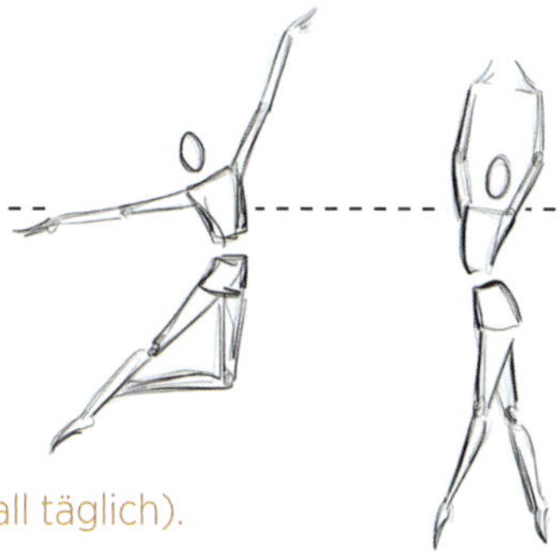

Tipp #2

Bleib dran:
Zeichne regelmäßig.
Nur für ein paar Minuten.
Aber regelmäßig (im Idealfall täglich).

Ich weiß, dieser Tipp ist ein Klassiker, der oft zitiert, aber wenig eingehalten wird. Und doch kann er Türen öffnen. Tore der Kreativität und der Inspiration.

Du wirst dich mit jedem Tag inspirierter und kreativer fühlen. Einfach so. Einfach nur durchs tägliche Zeichnen. Sehr genial, oder?

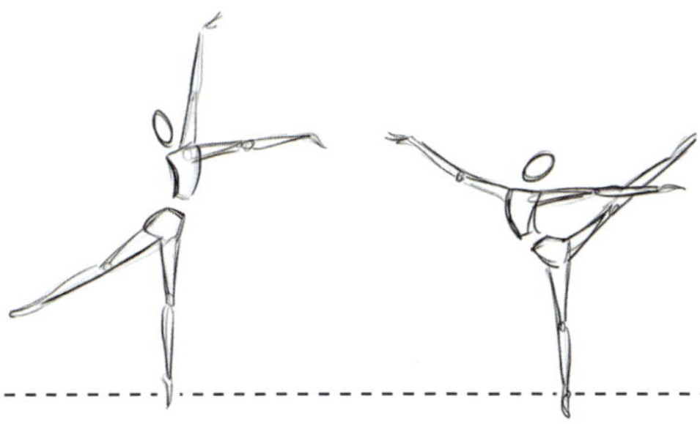

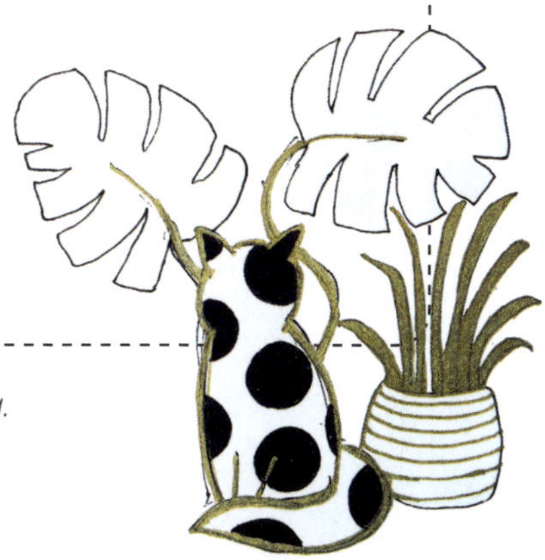

„Weg mit Selbstzweifeln – her mit der Begeisterung. Dann kommt die Inspiration von alleine."

Der kreative Prozess

Ja. Wir möchten alle gerne kreativ sein. Sprudelnd vor Ideen. Die meisten sind aber im gleichen Moment fest davon überzeugt, dass sie diesen Zustand sowieso nie erreichen werden. Genetisches Thema. Nicht kreativ und so.

Aber in Wirklichkeit ist es andersherum. Wir werden kreativ, weil wir unsere Kreativität füttern und überzeugt sind, dass etwas Geniales in uns schlummert und hinausmöchte. Es geht also weniger darum, zu den Talentierten oder zu den weniger Talentierten zu zählen und sich damit abzufinden, wenn es eher Zweiteres ist, es geht darum, diesen Flow-Zustand der Kreativität zu erreichen. **Und das können wir alle.**

Nachdem ich nun schon viele Jahre als Illustratorin tätig bin, habe ich so einige Techniken angewandt, übernommen oder entwickelt, um meine Kreativität auch unter Zeitdruck ausleben zu können. Dazu die Erfahrungen in all meinen Zeichenkursen.
Und es haben sich Wege herauskristallisiert, die es um so vieles leichter machen, Kreativität zu fördern und sich entfalten zu lassen.

„Du kannst Kreativität nicht aufbrauchen.
Je mehr du sie benutzt, desto kreativer bist du."
Maya Angelou

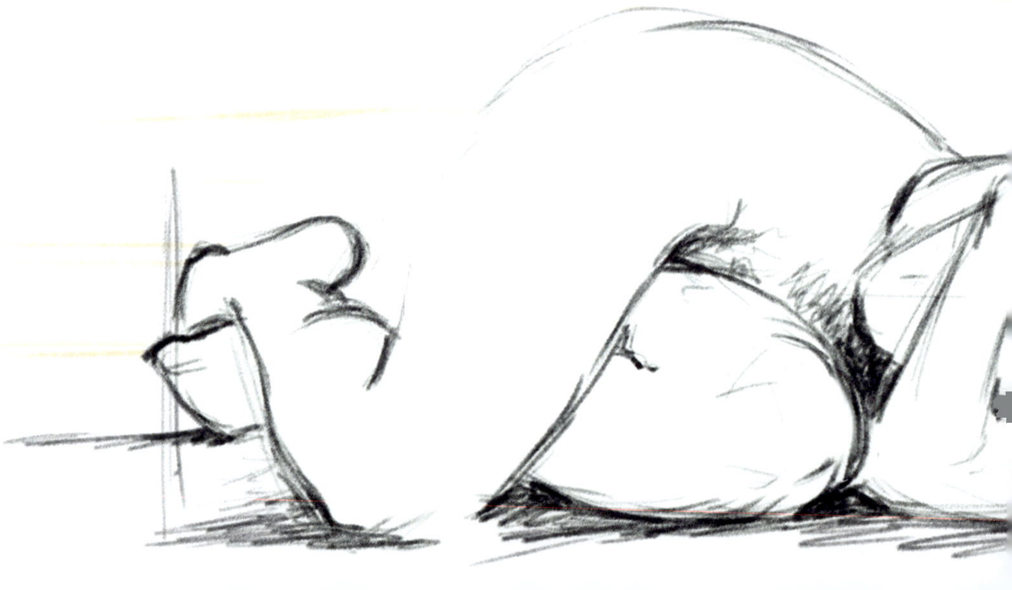

*„Zeichnen macht mir Freude.
Irgendwie lernt man mehr sehen – die Welt wird bunter."*
Veronika Kammeringer

„Ich bin zufrieden mit mir und auch ein wenig stolz, dass ich das so hinkriege und einfach reinspringe und probiere."
Birgitt Ziegelmayer

„Deine Erklärungen und Übungen helfen mir sehr dabei, ein neues Motiv zu zeichnen. Ich spüre richtig, wie mein Mut wächst und ich mich mehr und mehr auf meine Hand verlasse und einfach zu zeichnen beginne."
Alexandra Grandits

Verabschiede dich von dem Ziel der perfekten Zeichnung – die gibt es nicht. Und das ist gut so. Genau dieses Unperfekte, Unvollkommene, nicht Reproduzierbare, Einzigartige macht eine ausdrucksstarke Zeichnung aus.

Dein Stil.
Deine Interpretation von der Wirklichkeit.

Dein Stil, der übrigens, um gleich noch einen Mythos zu entlarven, gar nicht gefunden werden muss. Dein Stil ist bereits in dir. Je mehr du zeichnest und experimentierst, umso deutlicher zeigt er sich. Darum verbringe deine Zeit nicht damit, deinen Stil zu suchen. Das ist gar nicht notwendig. Besser, wir nutzen die Zeit, um zu zeichnen.
Denn es geht bei der Kreativität vielmehr darum, wie schnell und unkompliziert wir Zugang zu ihr haben. Auch das lässt sich trainieren – und das machen wir in diesem Buch!

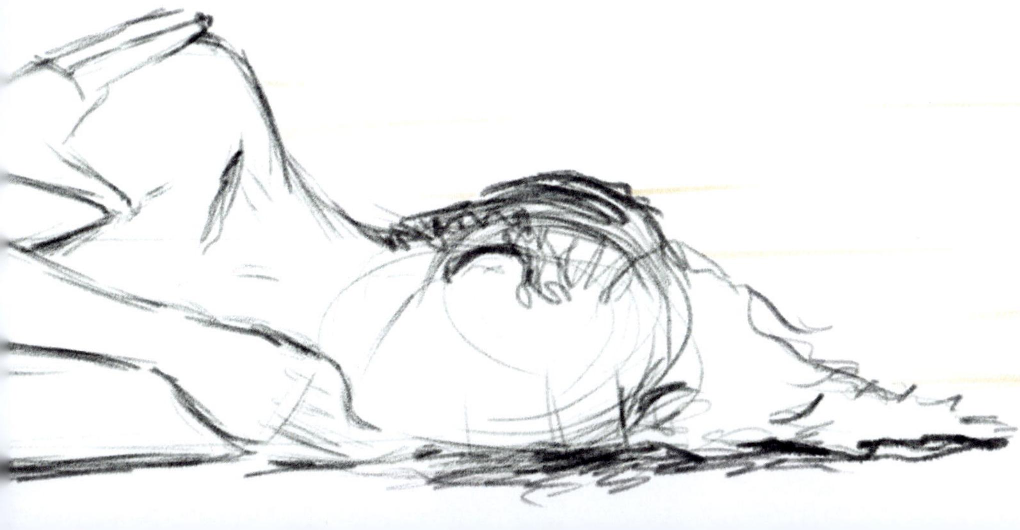

„Enthemmseite“

Lass es raus. Zeichne gleich hier mal ein paar wilde Kritzler hinein, um das Buch zu markieren. Dich zu enthemmen. Es ist deins. Du DARFST hineinzeichnen und wirst dabei sogar noch belohnt: Denn der **Lerneffekt des Zeichnens** wird sich durch dieses „verbotene“ Ins-Buch-Zeichnen noch verstärken. **Weil es ein bewusster Schritt ist.**

Am besten gleich jetzt (und ja, gerne auch immer über den Rand):

Nimm deine Zeichnungen wichtig – und zeichne ins Buch!

Zeichne, was dir in den Sinn kommt.
Völlig enthemmt, wie dir danach ist.
Fühlt sich gut an.

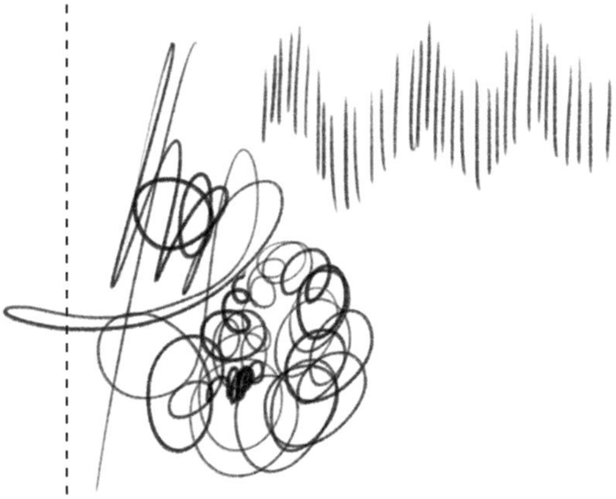

Anmerkung für Linkshänder: Wenn deine Hand die Seite verdeckt: Zeichne einfach in ein anderes freies Sketch-Kästchen oder aus der Erinnerung. Das hat auch einen genialen Effekt auf das Muskelgedächtnis (gilt eindeutig auch für Rechtshänder).

„Bei den 3 Minuten ändert sich wirklich der Zugang zum Zeichnen bereits nach ein paar Tagen. Dieses Selbstvertrauen, einfach zu zeichnen, ohne lange darüber nachzudenken, macht einen Riesenunterschied."

Susana Barquet

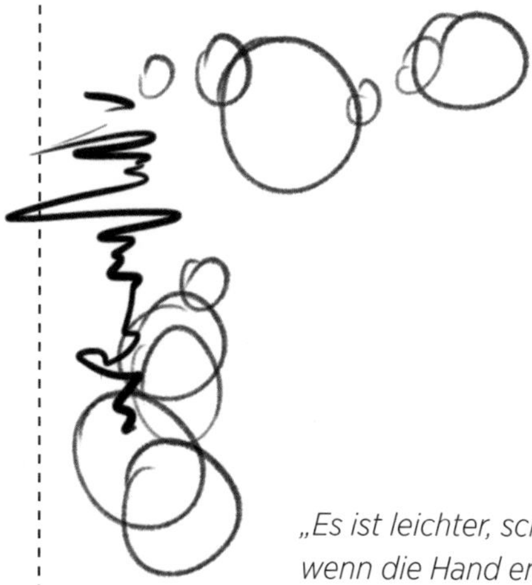

„Es ist leichter, schwungvolle Linien zu zeichnen, wenn die Hand entspannt und aufgewärmt ist."

Hier ist dein Kritzel- und Aufwärmplatz. Du kannst diese Seite jedes Mal zum Aufwärmen benutzen, wenn du mit dem Zeichnen beginnst. Außerdem: Es lockert die Hand und durch die vielen Schichten entsteht eine interessante Wirkung am Papier.

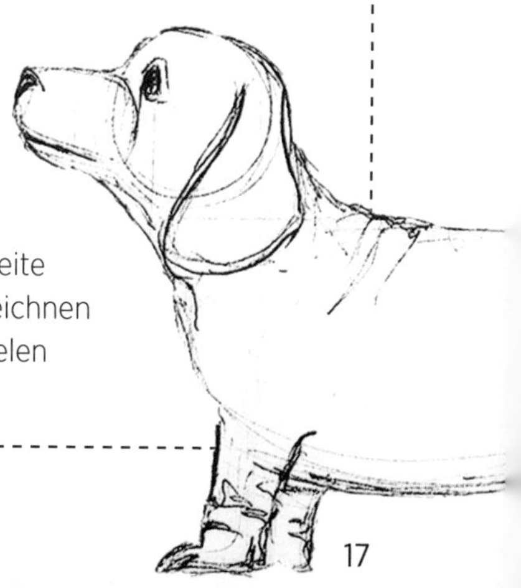

Material

Du brauchst nicht viel. Die Qualität des Stiftes entscheidet nicht über die Qualität deiner Zeichnung. Es ist wirkungsvoller, wenn du dich auf das tägliche Zeichnen konzentrierst und weniger darauf, ob du den richtigen Stift dafür verwendest. Ein Bleistift, ein Kugelschreiber oder ein Faserstift reichen völlig aus für alle Zeichnungen hier im Buch.

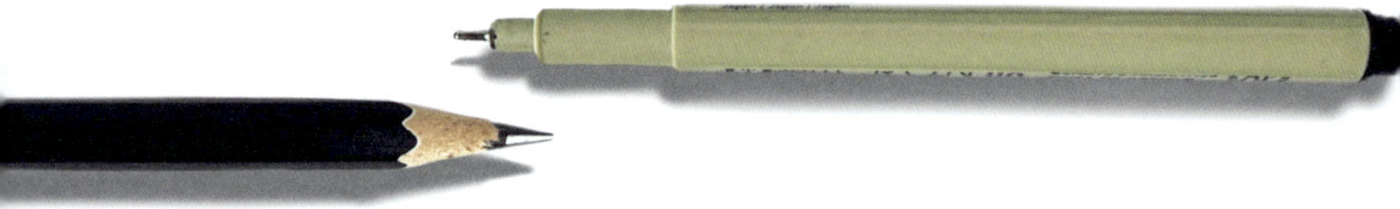

Teste deine Stifte gleich hier

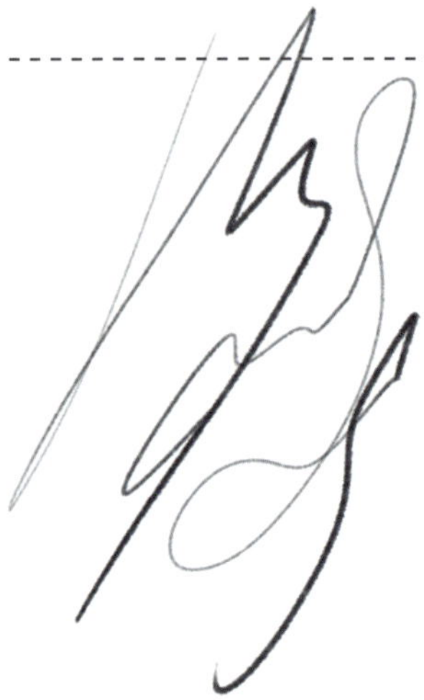

Und ja: Farbe & Experimente sind immer gut. Hier findest du viele Videos, in denen wir gemeinsam ganz unterschiedliche Stifte und Techniken testen.

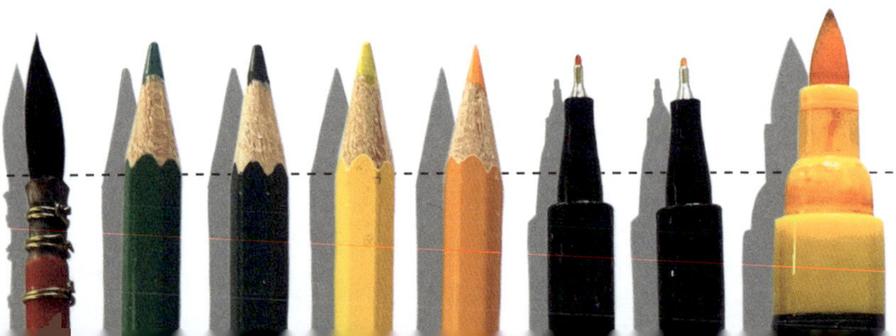

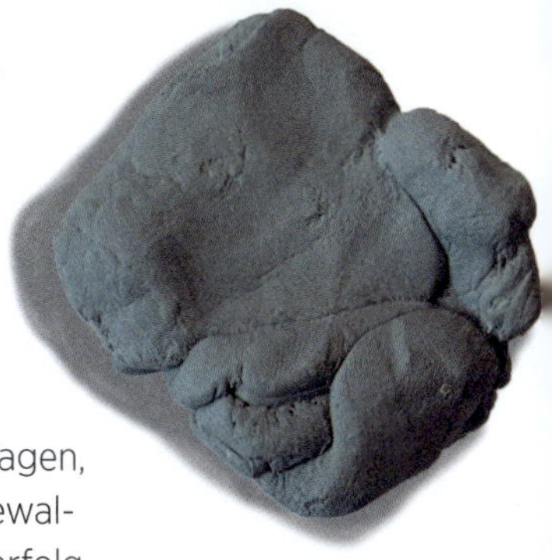

Warum ich es so gut finde, wenn du gleich ins Buch zeichnest oder ein Sketchbook verwendest?

Ganz einfach, **weil du so am besten sehen kannst, was für geniale Fortschritte du beim Zeichnen machst.**

Während der Übungen fällt es dir nicht wirklich auf, aber deine Hand lernt mit jeder Linie dazu. Und wenn du dann nach ein paar Tagen, Wochen oder Monaten zurückblätterst, siehst du auf einmal den gewaltigen Fortschritt. Erst dieses Zurückblättern macht dir diesen Lernerfolg so richtig bewusst.

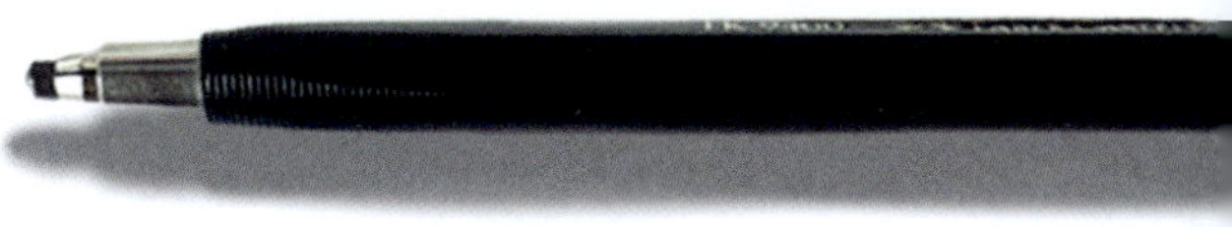

Immer zeichenbereit!

Wenn du es dir angewöhnst, immer ein paar Stifte bei dir zu haben (und auch dieses Zeichenbuch), lassen sich ein paar kleine Skizzen schnell in den Alltag einbauen. Im Zug, an der Bushaltestelle, im Wartezimmer der Zahnärztin usw. Der Tag fühlt sich gleich ganz anders an, wenn du für ein paar Minuten gezeichnet hast.
Diese Stifte hier habe ich eigentlich immer bei mir – aber ein simpler Kugelschreiber, von der Sitznachbarin im Zug geliehen, tut's genauso:

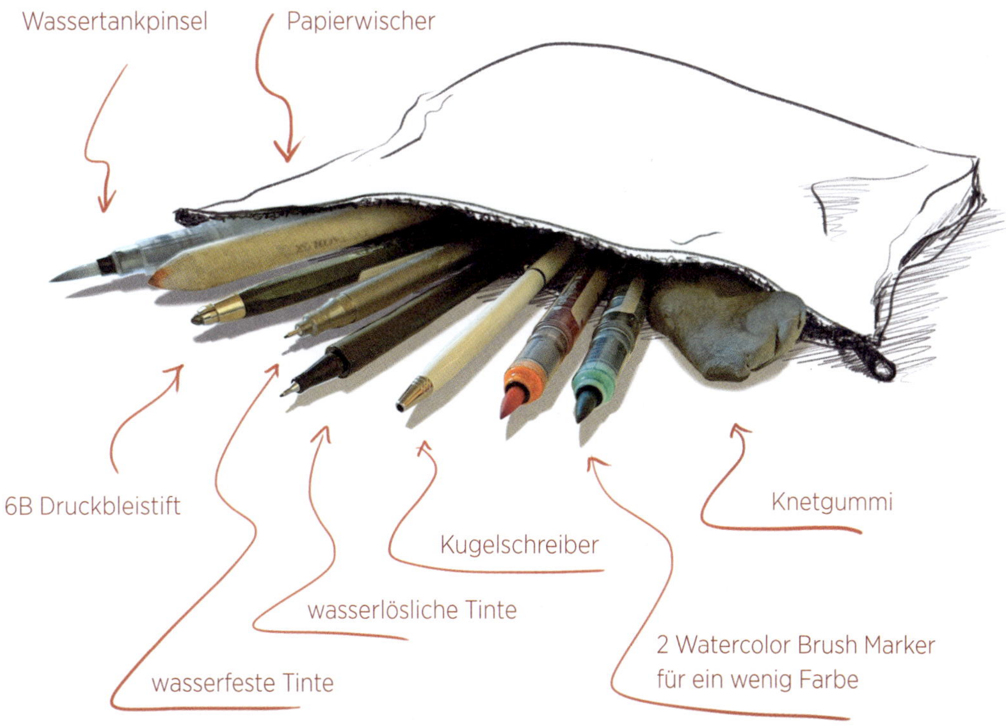

Die Linienqualität

Mut zum Strich – so hieß mein erster Zeichenkurs. Weil es einfach kraftvoll ist, die Linienqualität mit der Hand unter Kontrolle zu haben. Wir transportieren viel Information damit.

Deine Linien

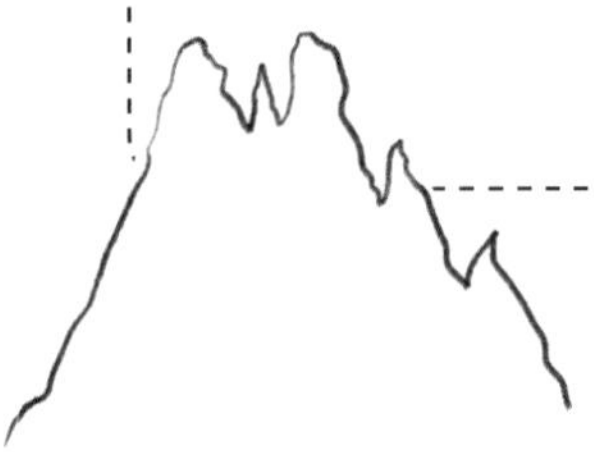

Gleichmäßig fester Bleistiftdruck

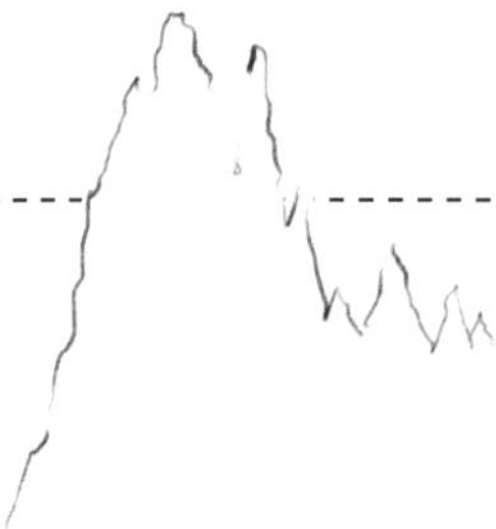

Gleichmäßig leichter Bleistiftdruck

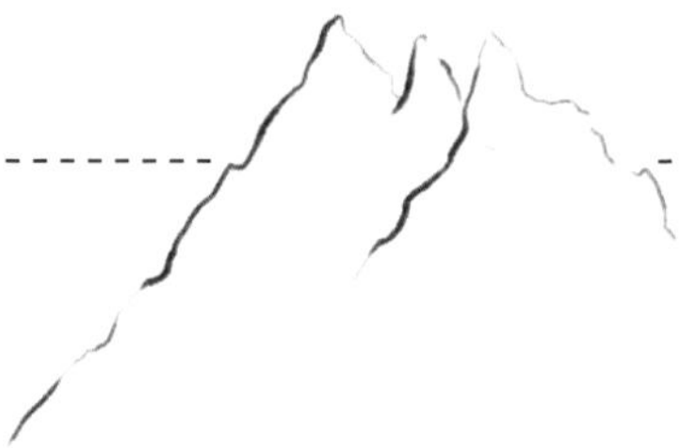

Variierender Bleistiftdruck

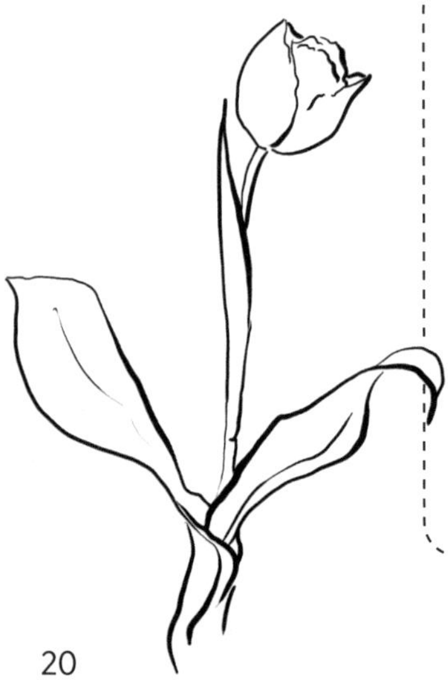

Dein Sketch

Schatteneffekte bei der Blume: dickere Linien bei schattigeren Bereichen, dünne Linien für Details und hellere Stellen.

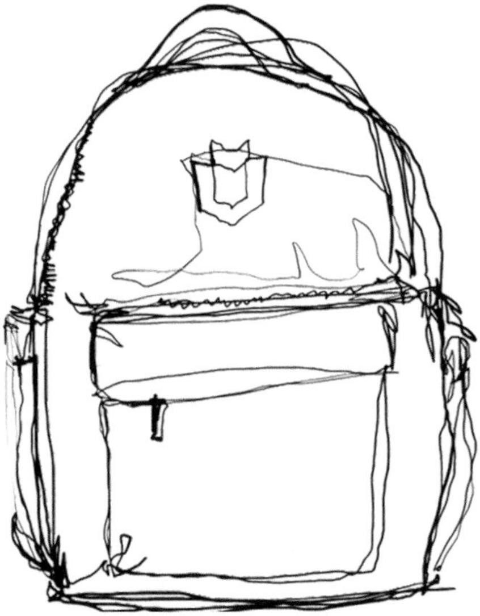

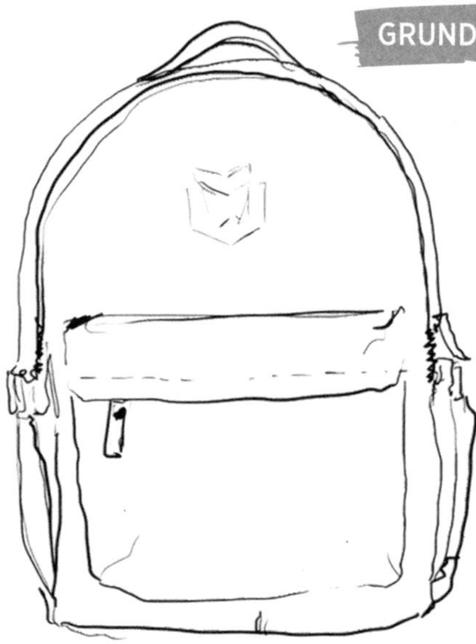

Der Stift bleibt am Papier. versus Die Linien sind nicht miteinander verbunden.

Deine Sketches

Ich weiß, der Effekt ist nicht immer so stark sichtbar, man merkt's aber in der finalen Zeichnung trotzdem. Die Dynamik des Striches und seine Wirkung sind nicht zu unterschätzen. Übe dich darin und du wirst ein Gespür dafür bekommen.

Komplex > Einfach

Simple Formen, die so einfach aussehen, dass wir es gar nicht als notwendig ansehen, sie zu zeichnen? Geht's dir auch so?

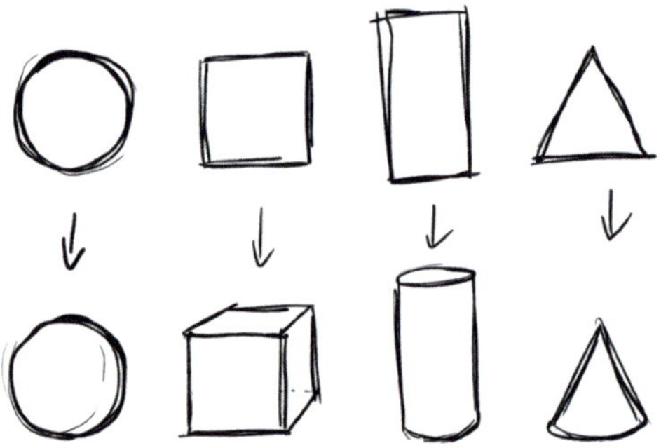

Und doch sind es gerade diese einfachen Formen, die es uns ermöglichen, selbst in den komplexesten Motiven klare Linien zu sehen. Ein Blick auf die Grundlagen zahlt sich also so richtig aus!

Diese einfachen Grundformen erfüllen zentrale Funktionen:

#1 Definition der Form

Wenn wir mit Grundformen beginnen, müssen wir uns nicht unbedingt genau an diese Form halten. Sie können uns zum Beispiel auch als Orientierung dienen, wo wir von dieser Form abweichen sollten, um einzigartige Rundungen zu erzeugen: Wir beginnen mit derselben Ellipse und holen dennoch zwei einzigartig geformte Früchte heraus.

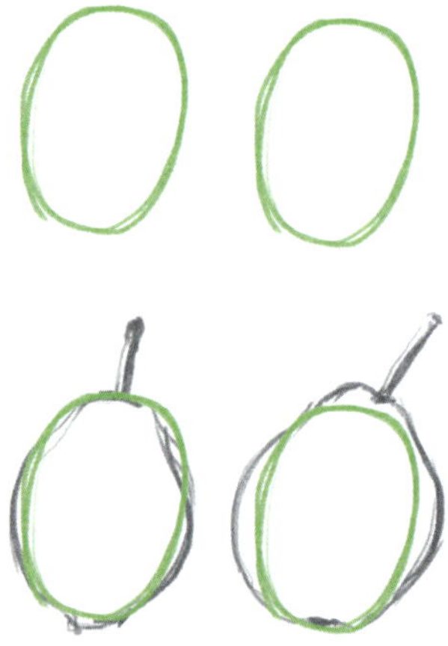

#2 Definition der gesamten Größe

Manchmal wird das Motiv immer größer, je mehr wir davon zeichnen. Sodass oft auch das Papier nicht mehr ausreichend ist und Köpfe, Füße oder Hausecken abgeschnitten am Papierrand enden. Die Grundformen helfen, dies zu vermeiden, weil sich das gesamte Motiv bereits grob skizziert auf dem Papier befindet.

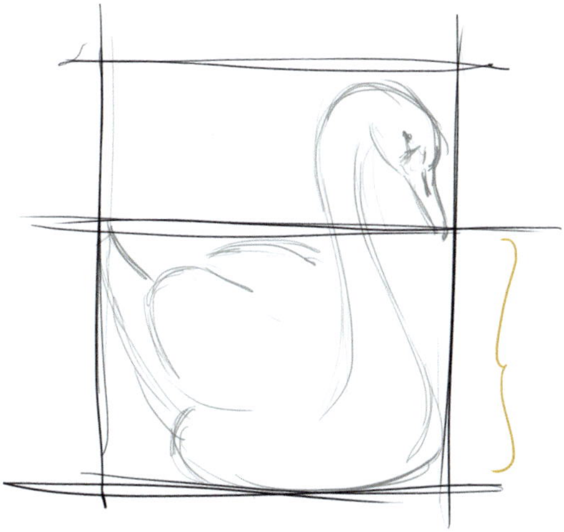

Hilfreiche Leitlinien:
Diese eine Linie enthält richtig viel Information: die Kopfhaltung und das Verhältnis des Kopfes zum Körper.

Einfache Proportionen:
Um den eleganten Schwung des Halses stärker hervorzuheben, vergleiche das Volumen des Körpers mit dem des Kopfes.

Deine Sketches

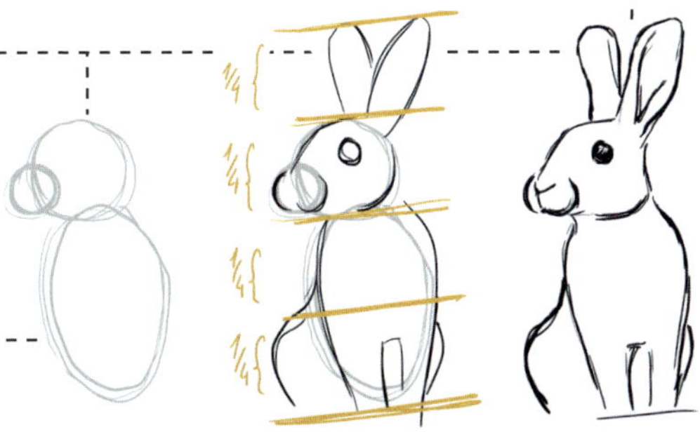

#3 Orientierungshilfe

Besonders, wenn manche Elemente etwas weiter auseinanderliegen, ist es gar nicht so einfach, die richtige Höhe abzuschätzen. Einfache Linien und Formen sind hier von unschätzbarem Wert, um schnell Skizzen anfertigen zu können.

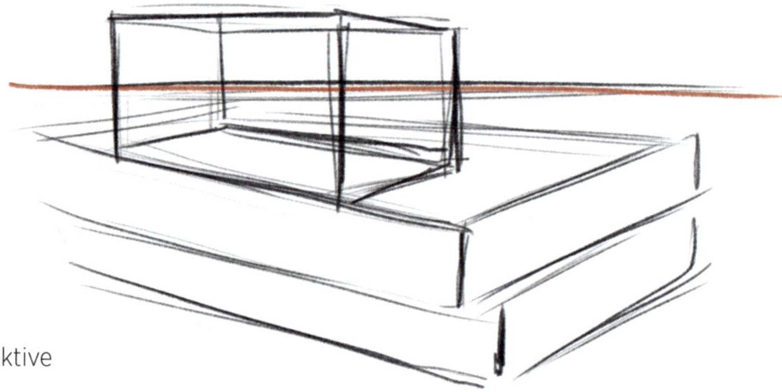

#4 Definition der Perspektive

Selbst die Perspektive der Zeichnung wird in dieser ersten (und wichtigsten) Phase festgelegt. Einige wenige Linien und Formen reichen aus, um dem Betrachter ein Gefühl von Tiefe in einer Zeichnung zu geben. Hier kommen die dreidimensionalen Grundformen ins Spiel.

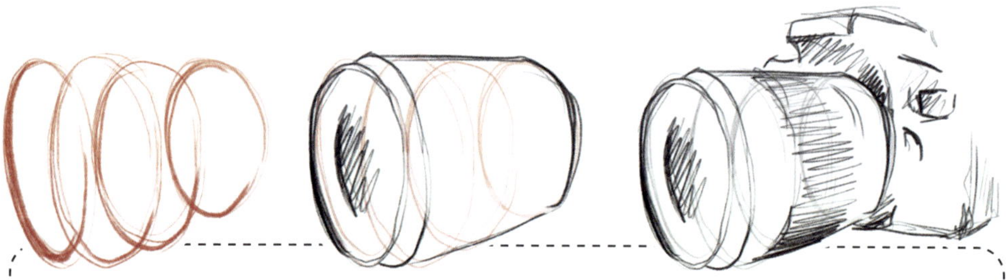

Deine Perspektive

#5 Definition der Proportionen

Hört sich unscheinbar an, ist aber sozusagen die Basis der Basis. Der Start für alle Details, alle ausdrucksstarken Elemente, die später dazukommen. Wenn die Grundlage korrekt ist und die Proportionen stimmig sind, ist alles andere eine Ableitung davon. Jedes noch so schön gezeichnete Auge wirkt nun mal schräg in einem Porträt, wenn der Abstand zur Nase nicht der richtige ist.

Ja, Grundformen hören sich tatsächlich nach Alleskönnern an. Das sind sie auch.

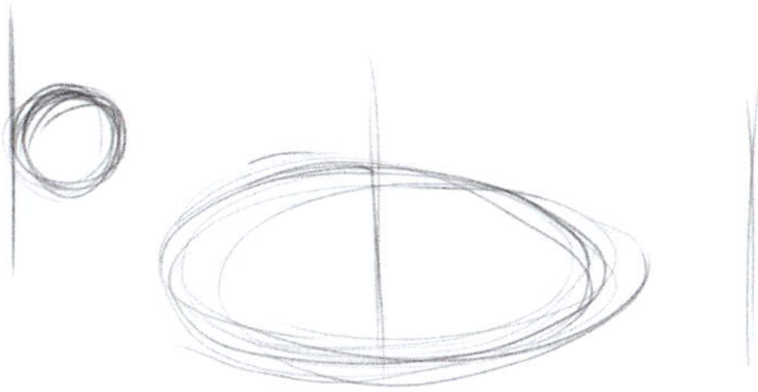

Lass dir Zeit beim Erkunden der Grundformen.
Je länger wir ein Motiv ansehen, umso besser verstehen wir es.
Umso mehr sehen wir. Und umso leichter ist es, die zentralen Grundformen davon abzuleiten, ohne sich von all den verwirrenden Details rundherum irritieren zu lassen.

Deine Sketches

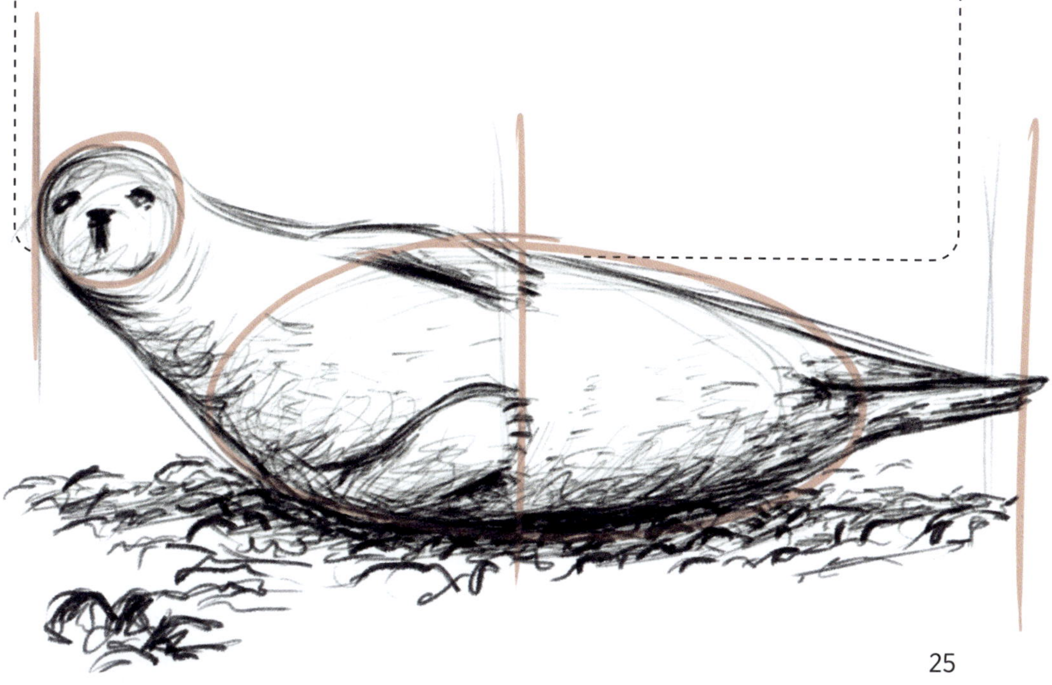

Schattierung

Die Grundidee beim Schattieren ist, helle und dunkle Bereiche zu differenzieren. Sei es nun, um Licht und Schatten oder verschiedene Materialien darzustellen. Wie diese Schattierung aussieht, ist im Prinzip ganz dir überlassen. Und hängt auch sehr davon ab, wie geduldig du bist. Denn es ist möglich, Schattierung mit Tausenden kleinen Punkten darzustellen – oder mit einigen wenigen kräftigen Strichen.

Deine Schattierungen

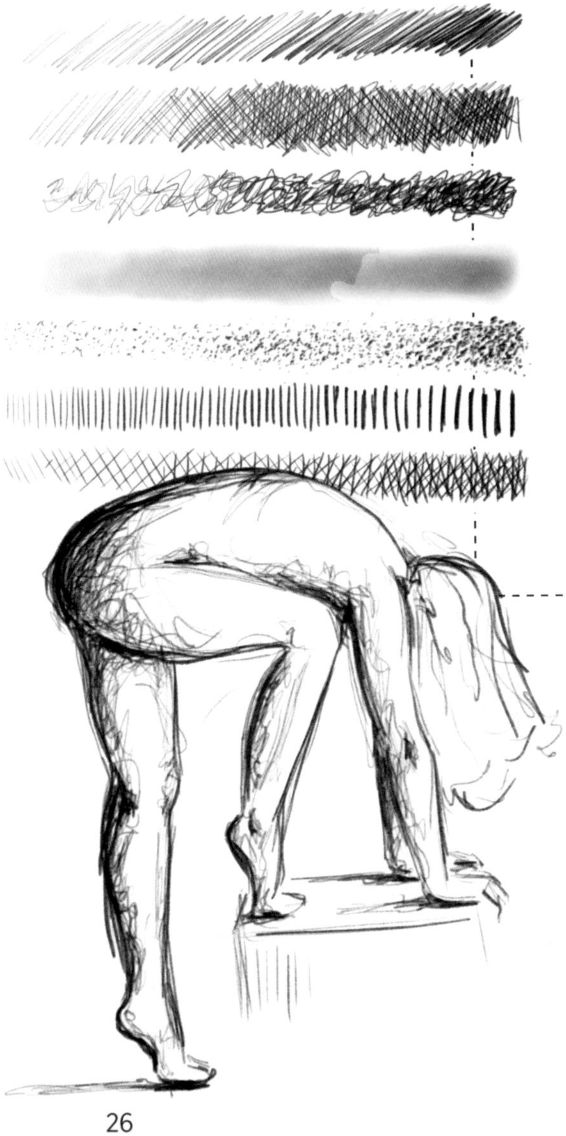

Es muss nicht immer die eine, perfekte Linie sein.

Wenn du mit einer Linie nicht zufrieden bist, nicht immer gleich ausradieren.

Es ist leichter, bestehende Linien zu korrigieren, als alles wegzuradieren und wieder mit einem leeren Blatt zu starten. Auch viele kleine, wilde Linien können eine Schattierung erzeugen.

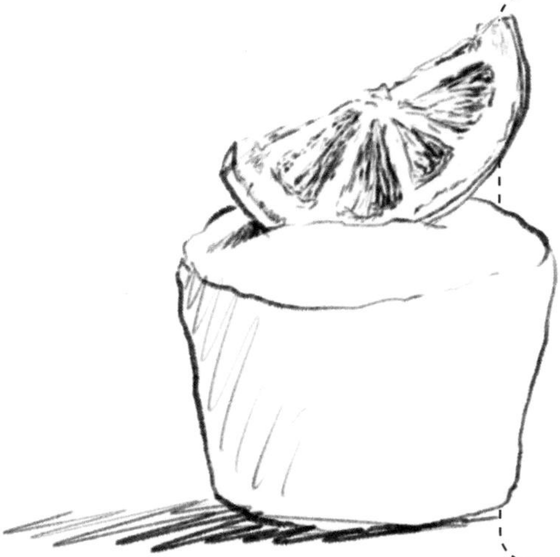

Eine getupfte Limette wirkt anders als eine fein geschummerte (die 4. Linie von oben in der Schattierungsübersicht links ist eine geschummerte Linie). Die Wahl der Schattierung hat großen Einfluss auf die empfundene Haptik der Zeichnung. Bei Cookies zum Beispiel bietet es sich an, eine grobe, raue Struktur zu wählen: Schattierung und Oberflächenwirkung in einem.

Deine Cookies

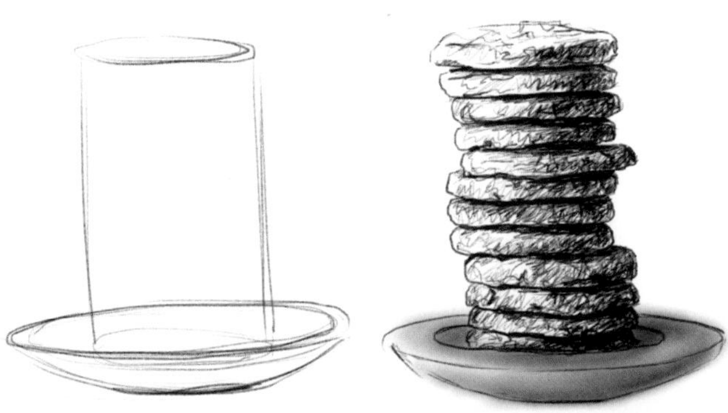

Licht und Schatten

Der Würfel ist eine gut geeignete Form, um sich dem Thema Schatten zu nähern. Weil seine Kanten und Flächen klar definiert sind und der Schlagschatten dadurch auch wunderbar hergeleitet werden kann. Exakt die gleiche Vorgehensweise können wir aber auch auf alle anderen Motive übertragen.

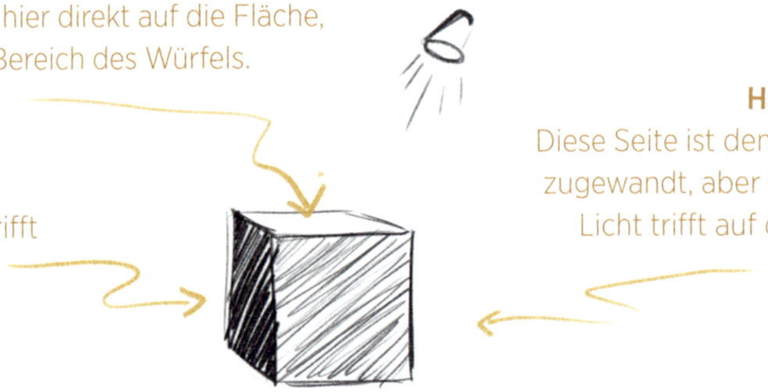

Für das Zeichnen des Schlagschattens interessieren uns vor allem die Ecken und Kanten. Gerade Linien verlaufen von der Lichtquelle zu den Kanten und weiter zum Boden. Diese definieren die Form des Schattens.

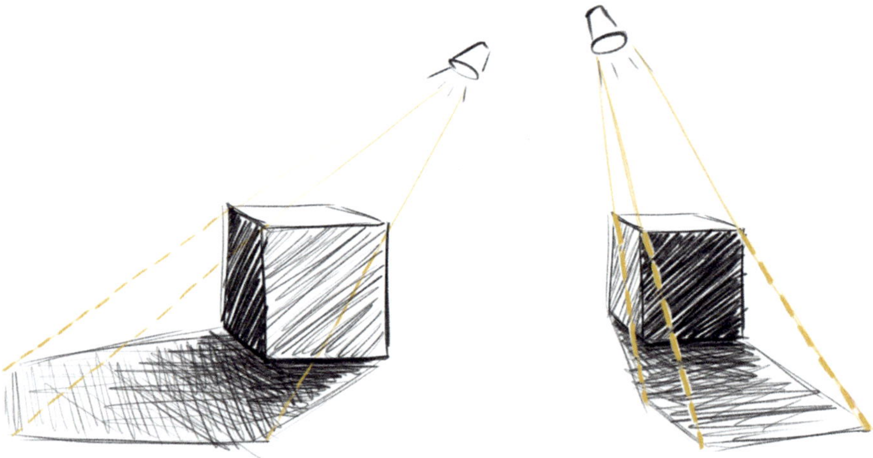

Je weiter unten die Lichtquelle ist, umso länger sind diese Linien (wie die klassischen langen Schatten bei Sonnenuntergang). Je höher die Lichtquelle, umso kürzer sind sie.

Schlagschatten:
Der Schatten nahe beim Ball ist sehr dunkel. Je weiter er entfernt ist, umso mehr verläuft dieser Schatten. Wie scharf umrissen der Schlagschatten ist, hängt allerdings stark von der Lichtquelle ab.

Kernschatten:
Ab diesem Bereich wird es richtig dunkel, weil hier kein direktes Licht mehr auf den Ball fällt.

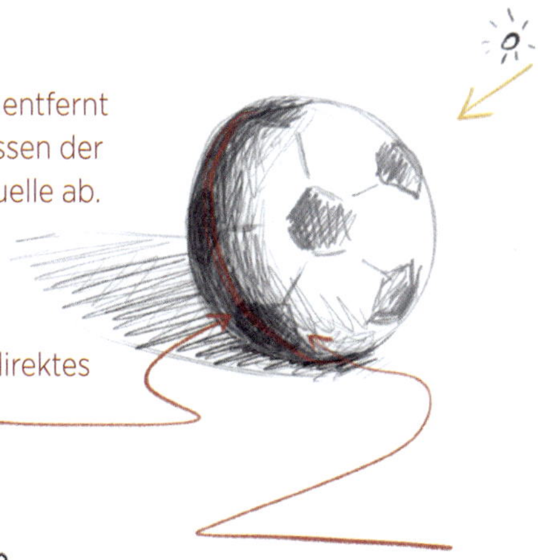

Halbschatten

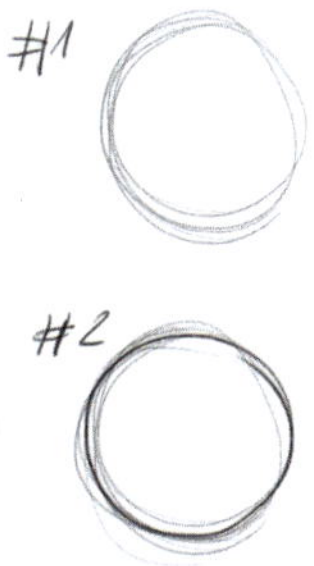

Es muss nicht eine perfekte Linie sein: Fühle die Form der Kugel zuerst nur mit der Hand, dann setze den Stift leicht aufs Papier und beginne mit feinen Linien. Wenn sich die Kugel richtig anfühlt, ziehe eine festere Linie.

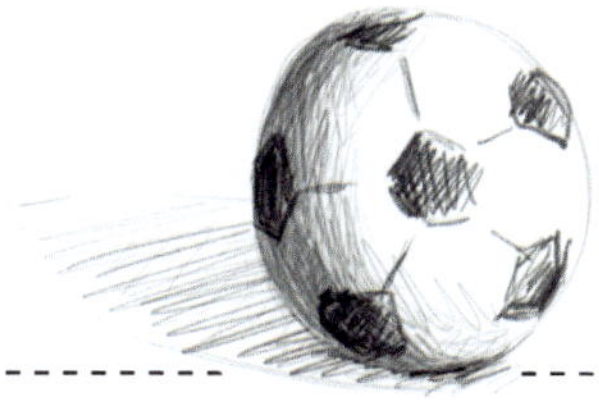

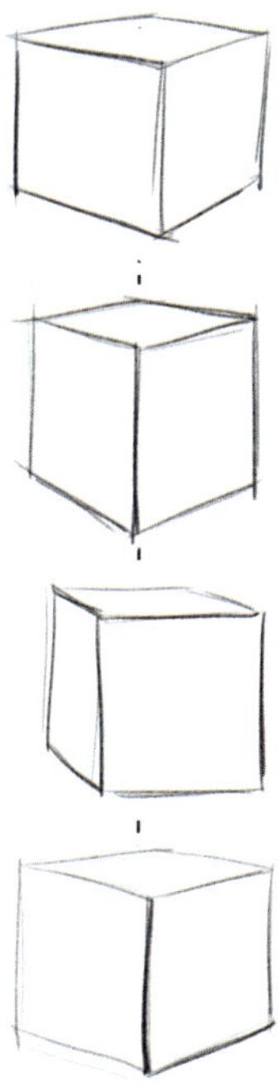

Deine Lichtexperimente

Die Ausdruckskraft des Schattens

Ein Schlagschatten wirkt beim Zeichnen oft wie ein Zusatz. Etwas, das man halt dazuzeichnet, damit das Motiv dreidimensionaler im Raum wirkt. Aber eigentlich ist ein Schlagschatten so viel mehr. Er kann den Untergrund beschreiben, wie die Art der Wand bei diesen Ballettschuhen.

Oder er beschreibt die Lichtverhältnisse:
klares, gebündeltes Licht, das direkt auf das Motiv scheint versus diffuses Licht, das kaum Schatten erzeugt.

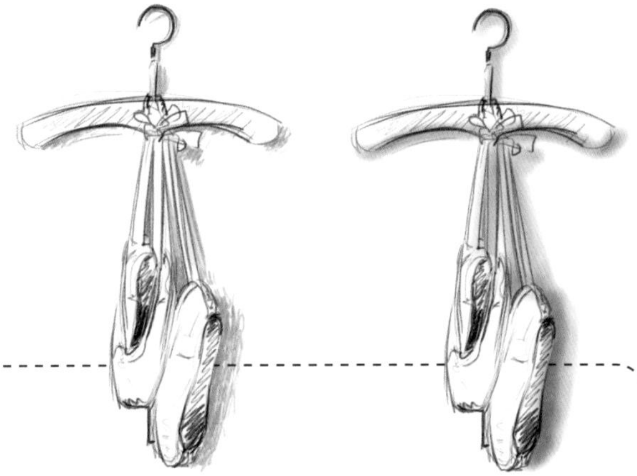

Deine Sketches

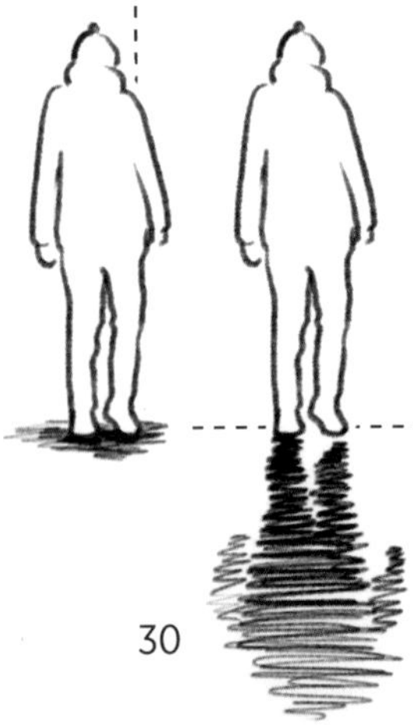

Oder er erzählt eine Geschichte über die Tageszeit: mittags vs. abends.

Schattige Bereiche bei einem Zeichenmotiv sind eine wunderbare Orientierung beim Zeichnen. Bei manchen Motiven ist der Schatten so kraftvoll, dass es ausreicht, nur den Kernschatten zu zeichnen.

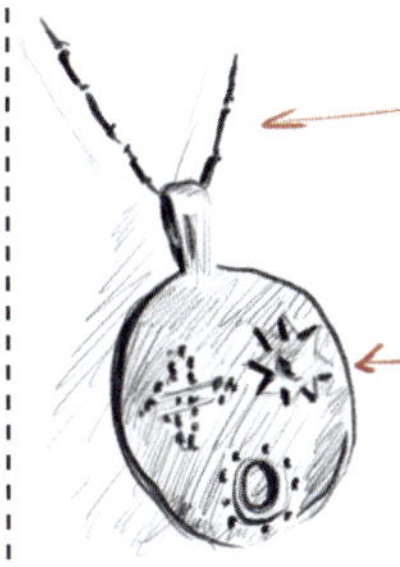

Schneller Sketch-Tipp:
Zeichne keine Umrisse, sondern nur den Kernschatten.

Kontrast:
Dunkle Bereiche neben den hellsten Stellen unterstreichen die Lichtwirkung.

Je näher beim Objekt, desto dunkler.

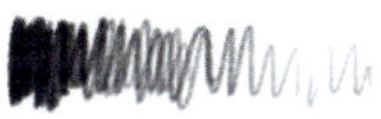

Je weiter entfernt, desto mehr verläuft der Schatten.

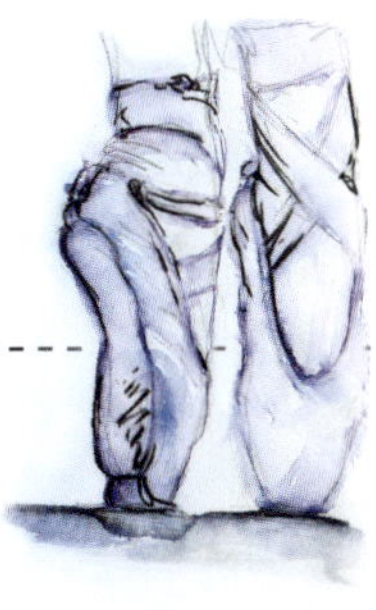

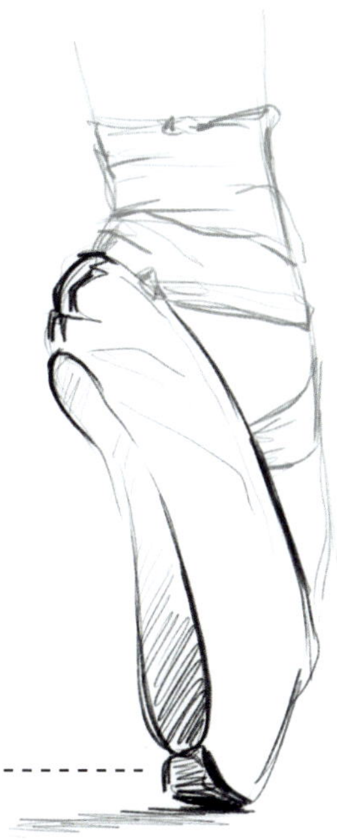

Perspektive ganz intuitiv

Egal, wie viele Punkte eine Perspektive hat und was wir zeichnen, die wichtigste Frage ist immer:

Von welchem Standpunkt aus sehe ich auf die Szene?

Wir definieren somit die Horizontlinie. Die Linie, welche genau unsere Augenhöhe beschreibt. In dem Moment, in dem wir festlegen, von welchem Blickwinkel wir auf ein Motiv bzw. eine Szene sehen, baut sich das Bild bereits auf. Die Höhe des Blickwinkels ist absolut entscheidend dafür, was und wie viel wir sehen: ob wir als Betrachter*innen auf dem Boden liegen oder dem Motiv Auge in Auge gegenüberstehen. Es wird eine ganz andere Geschichte dabei erzählt.

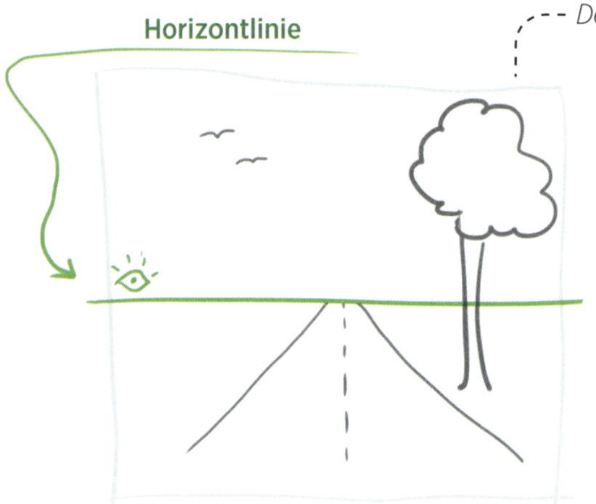

Deine Perspektive

Wenn wir die gleiche Landschaft verwenden, aber eine andere Perspektive, erreichen wir eine komplett andere Wirkung:

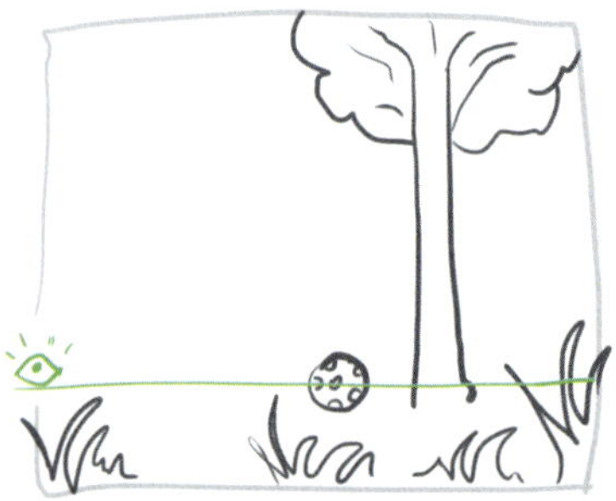

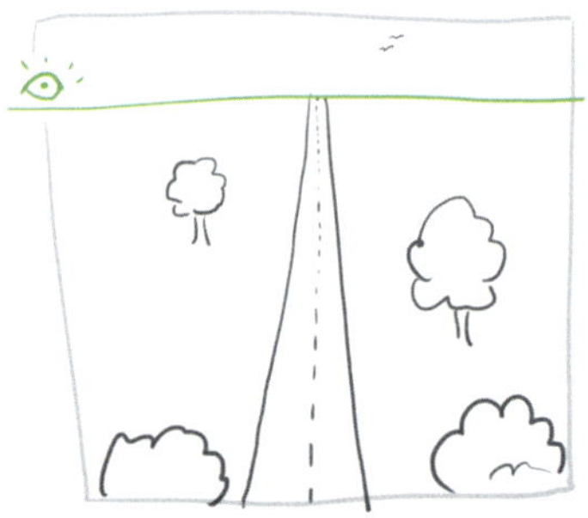

Wie so oft im Leben haben die einfachen Dinge eine sehr kraftvolle Wirkung. Die folgenden simplen Regeln findest du in jeder Zeichnung. Verinnerliche sie und mache sie dir selbst bei deinen komplexesten Zeichnungen zunutze:

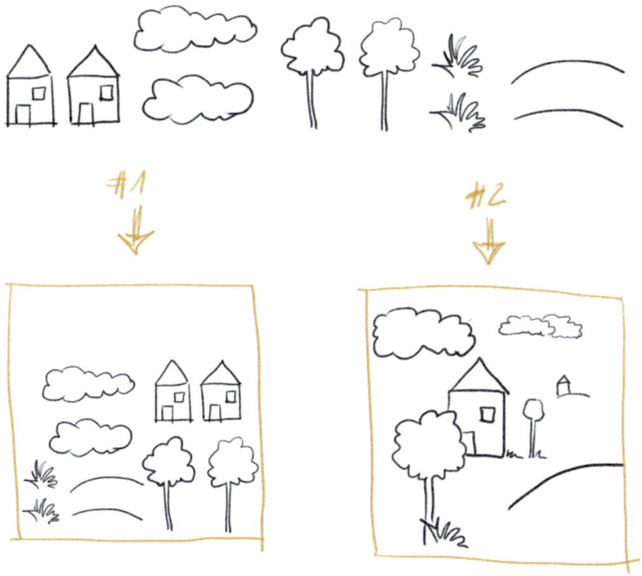

Deine Perspektive

Wie kannst du Räumlichkeit in einen Sketch bringen:

- durch Überlappen der Elemente
- durch unterschiedliche Größen
- durch den Detailgrad
- durch Tonwerte (hell vs dunkel)
- durch Linienstärke

Lass uns diese „unbewussten Methoden" der Räumlichkeit bewusst in den Sketches einsetzen, um die Wirkung zu erhöhen.

Tiefenwirkung

Diese intuitive Perspektive gibt uns viel Material. Wir werden das gleich benutzen und ins Muskelgedächtnis einspeichern. Dafür gibts zum Aufwärmen eine super einfache Übung, die genau deshalb so viel Wert hat: weil sie einfach und gleichzeitig absolut stark ist.

Vergleiche die Linien

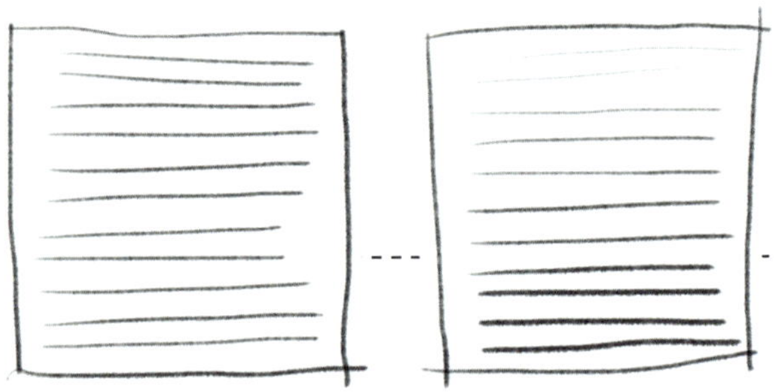

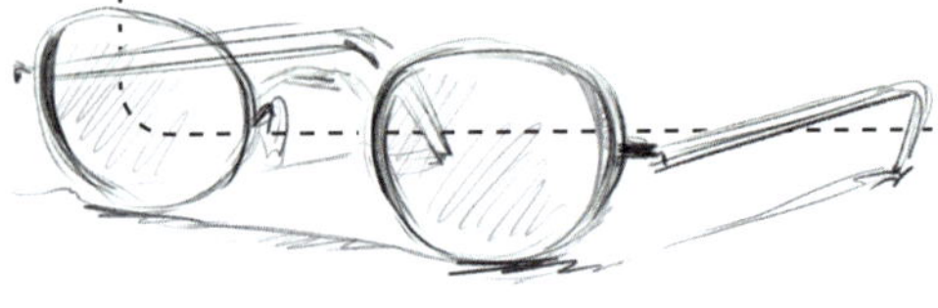

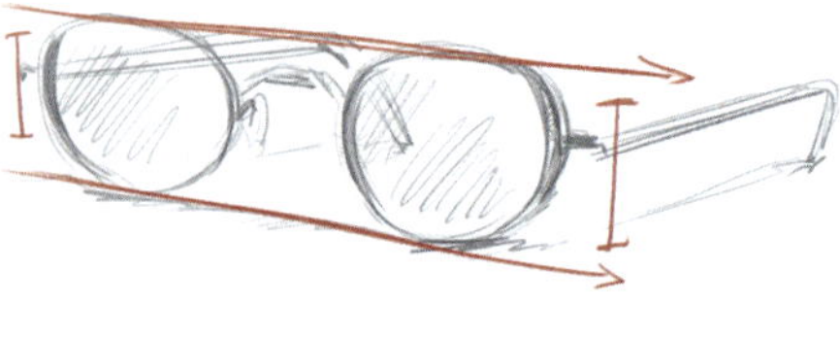

Kleine Details – große Wirkung: Selbst kleine Veränderungen der Linien machen in der Perspektive viel aus: Die Linien der Brille gehen zur Betrachterin auseinander.

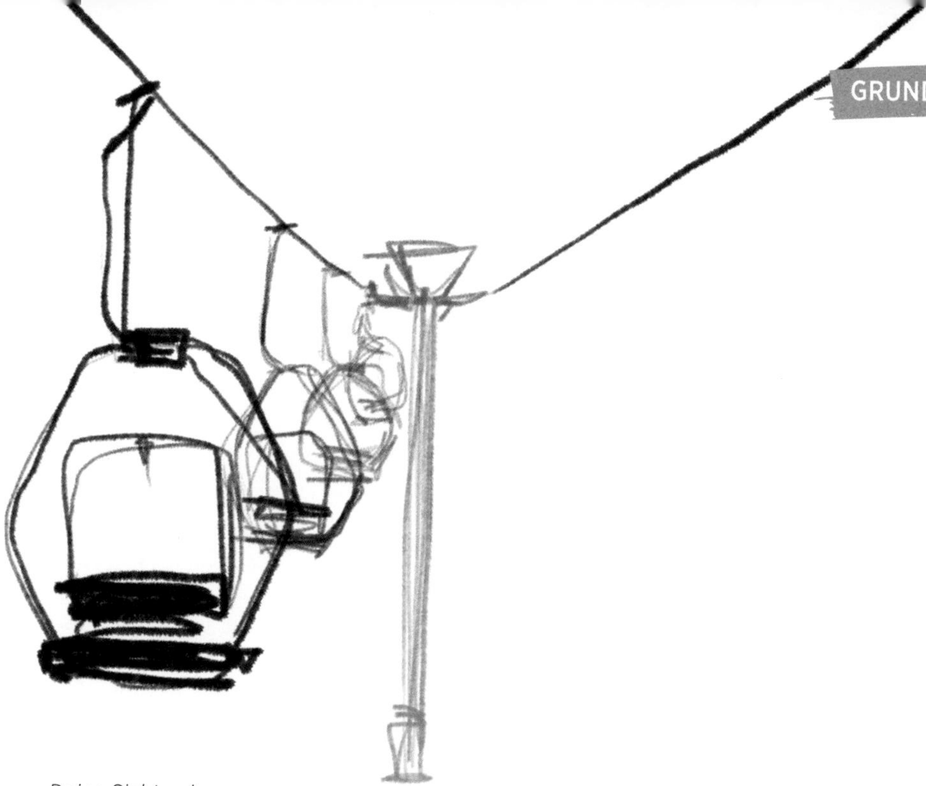

Deine Sichtweise

Horizont- und Fluchtlinien

Die Längskanten der Box laufen Richtung Horizontlinie. In der Realität wird es ziemlich selten der Fall sein, dass sie tatsächlich auf diese Punkte auf der Horizontlinie treffen, weil das dann oft eine sehr extreme Perspektive wäre.

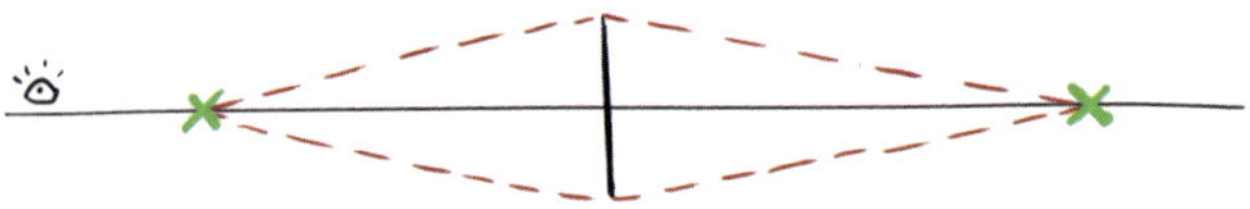

Die Fluchtlinien beziehen sich auf die vertikalen Kanten.

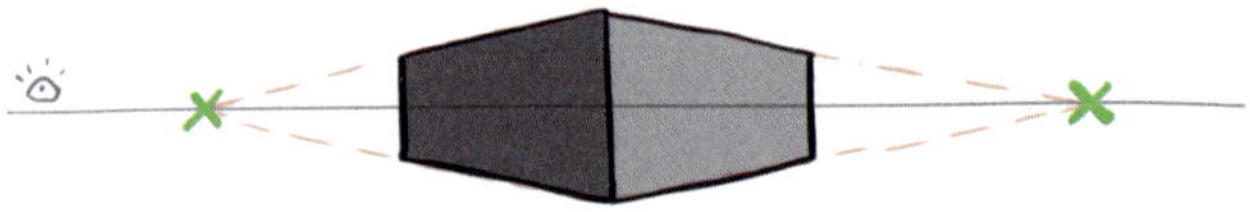

Diese vertikalen Kanten sind parallel zueinander.

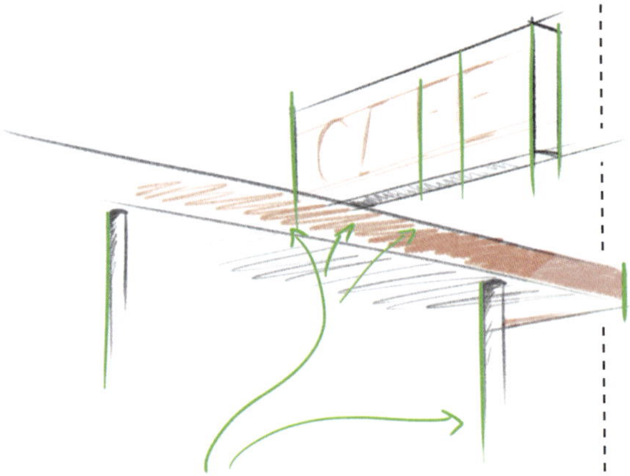

Das Thema „Parallele, vertikale Linien" ist sehr hilfreich beim Zeichnen.

Mach's dir nicht unnötig kompliziert, sondern orientiere dich an diesen grundlegenden Richtlinien.

Strukturiere die Zeichnung, indem du mit diesen vertikalen Linien beginnst.

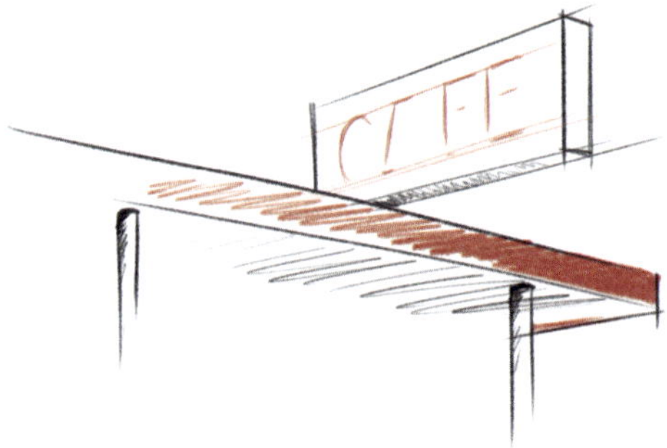

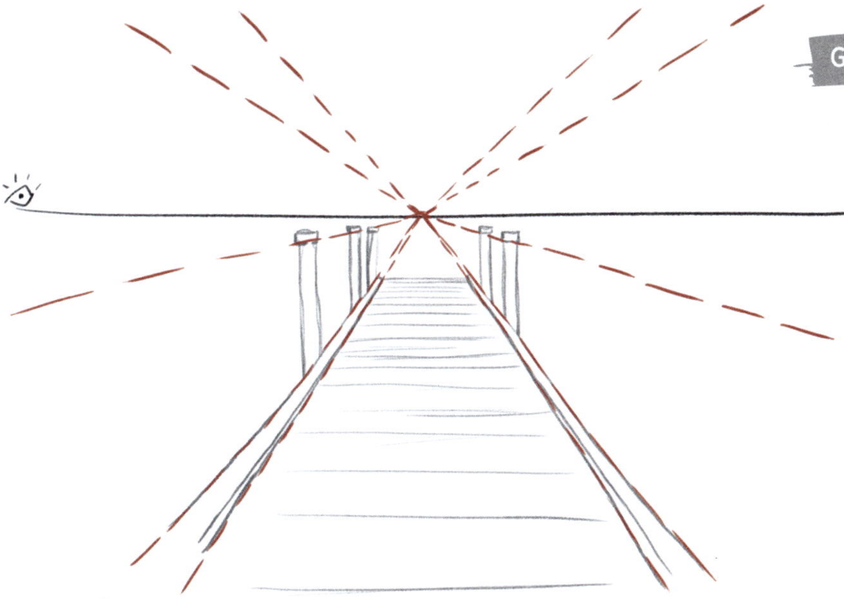

Deine Perspektive mit 1 Fluchtpunkt

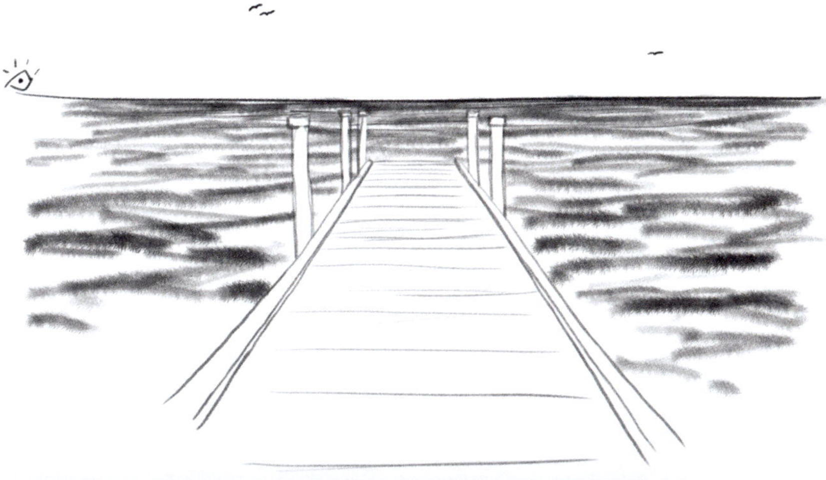

Ein Stapel Briefe

Beginne mit einfachen Formen: mit einer Box.

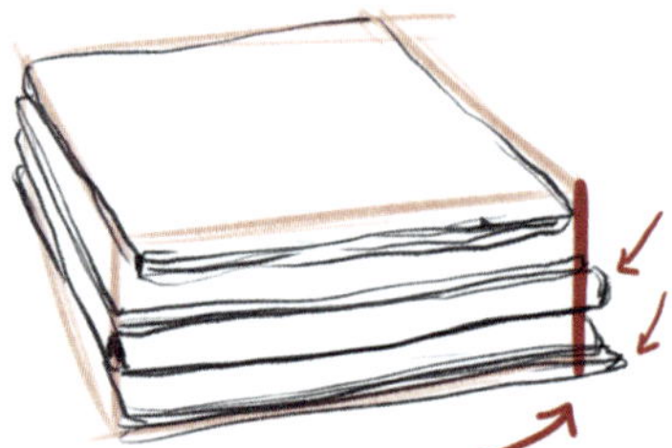

Orientierungslinie:
Die klare Kante der Box ermöglicht einen schönen Vergleich, ob die Briefe weiter vorstehen oder mehr nach innen versetzt sind.

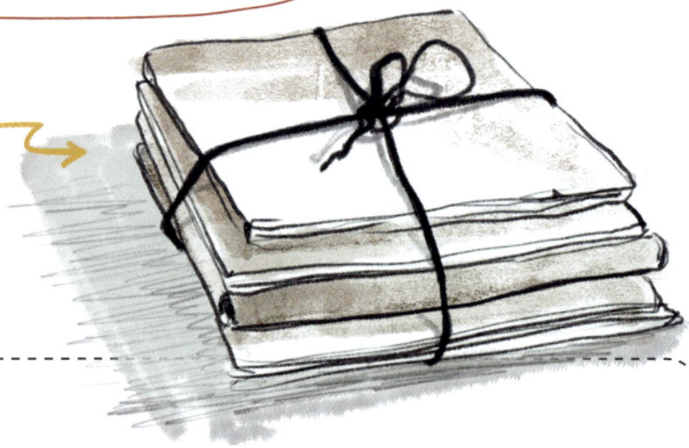

Vintage-Effekt:
Unstete Linien geben ein Gefühl von unterschiedlicher Papierstärke und von Schatteneffekten.

Deine Sketches

Froschperspektive:
Wir sehen von unten auf das Objekt, die Horizontlinie liegt darunter.

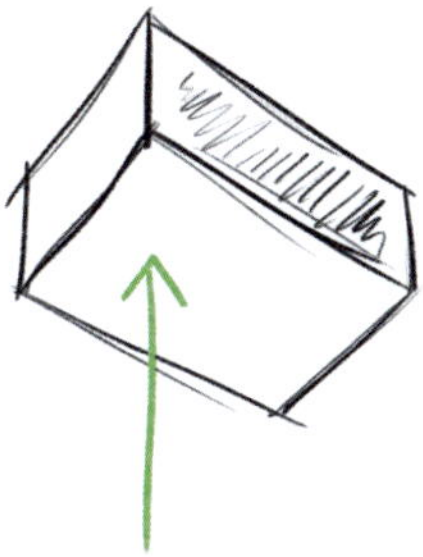

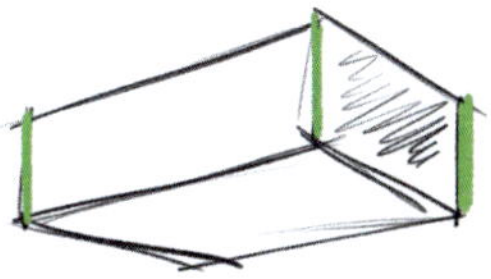

Direkt auf Augenhöhe:
Die oberen Kanten der Box laufen nach unten, die unteren Kanten laufen nach oben.

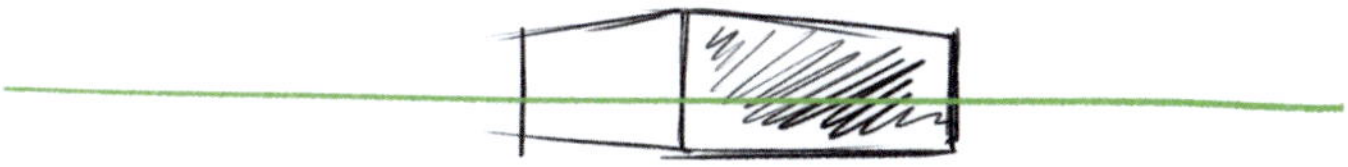

Vogelperspektive:
Wir sehen von oben auf das Objekt, die Horizontlinie liegt darüber.

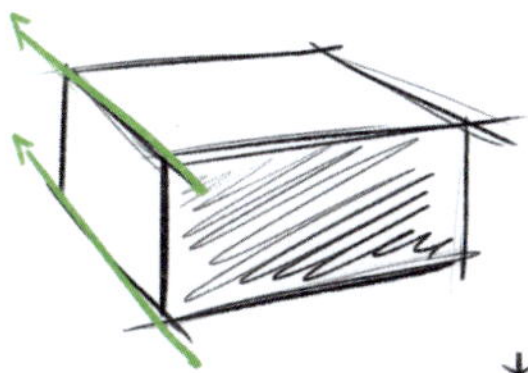

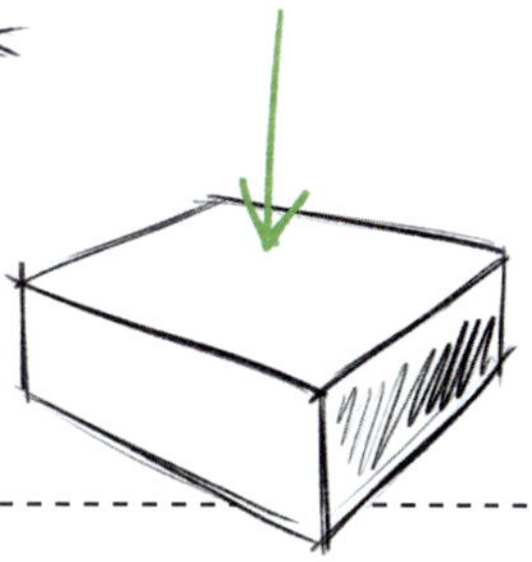

Deine Experimente

Spiele mit Perspektive

Perspektive muss nicht kompliziert sein. Du kannst die Sache auch mit einem spielerischen Zugang angehen. Spüre die Änderung der Perspektive, indem du die Form des Rechtecks bzw. des Kreises veränderst:

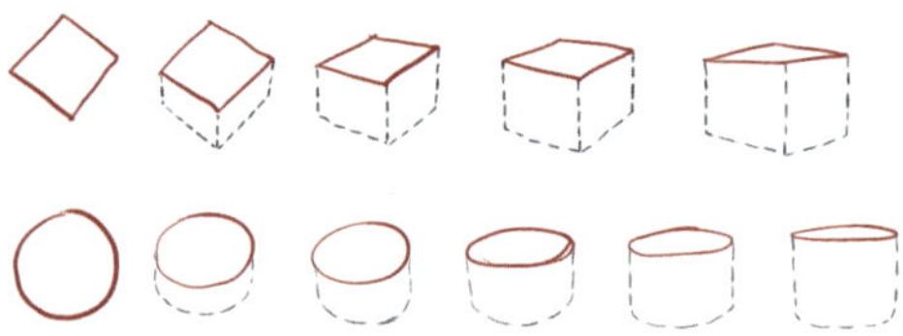

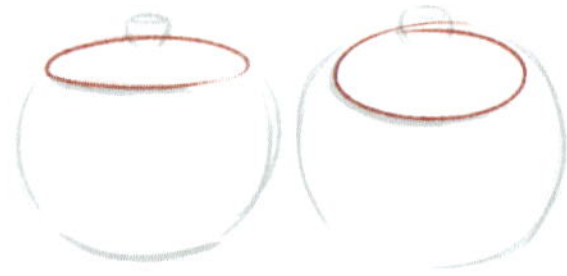

Die Form der Ellipse definiert unmittelbar die Perspektive des Gefäßes.

Dieses Gefühl für die Perspektive bei Rechteck und Kreis können wir auch gut kombinieren.

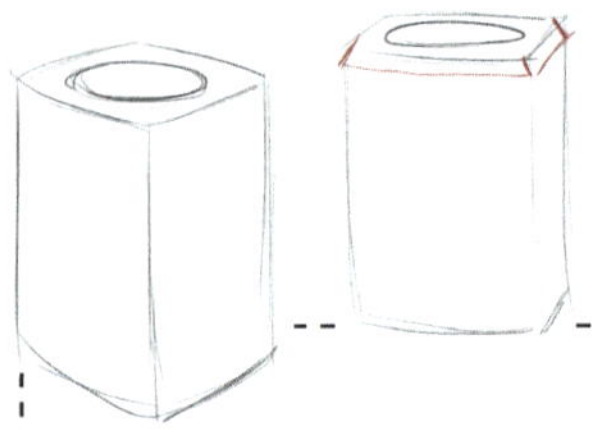

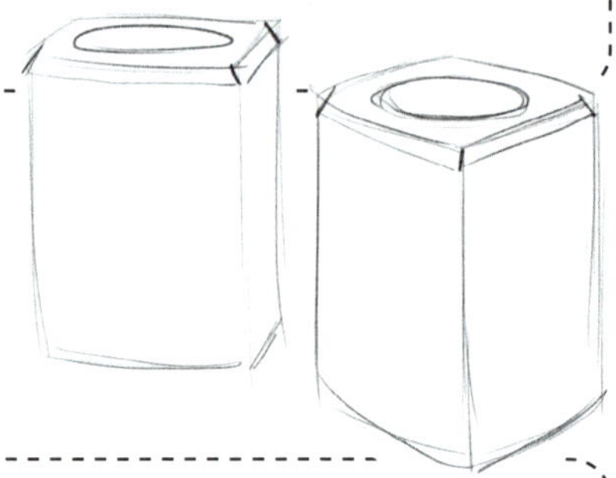

Schneide die Ecken erst im 2. Schritt aus.

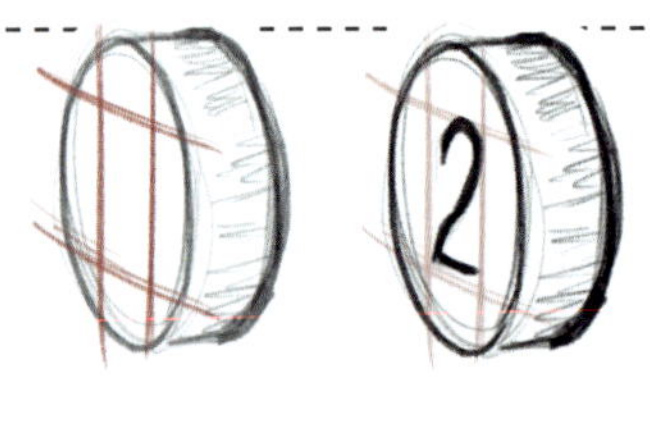

Um die Zahl einzufügen: Zeichne dir Orientierungslinien wie in einem karierten Schulheft.

Optische Verkürzung spielt in der Perspektive eine wichtige Rolle. Diese kannst du dir mit Linien gut herleiten.

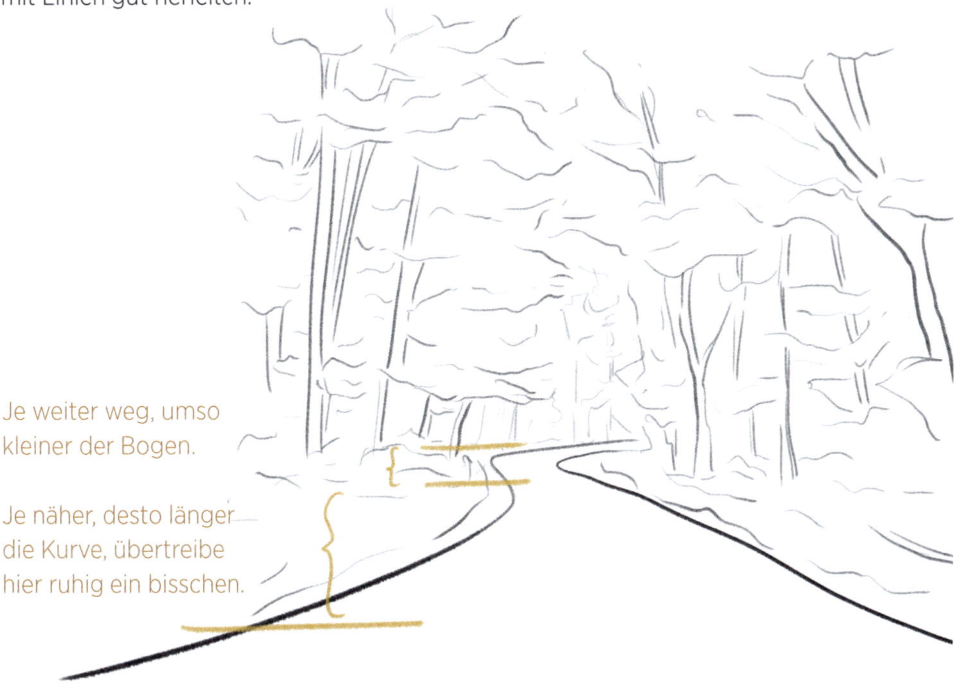

Deine Waldszene

Warum 3 Minuten?

Dieses „Ich habe keine Zeit zum Zeichnen"-Thema kenne ich auch aus eigener Erfahrung und habe deshalb eine Methode gefunden, die quasi eine **Turbowirkung auf den Lernerfolg beim Zeichnen** hat: 3-Minuten-Sketches.

Zeitdruck kann im ersten Moment vielleicht abschreckend wirken. Drei Minuten hören sich wirklich so richtig wenig an. Aber genau das ist auch die Stärke der Methode: **Drei Minuten SIND wenig. Und deshalb so gut wie immer machbar** – auch in einem sehr dicht geplanten Alltag.

3 Gründe, die eindeutig für einen täglichen 3-Minuten-Sketch sprechen:

- **Leicht umsetzbar** im Alltag, weil es zeitlich überschaubar ist
- **Fokus:** Konzentration aufs Wesentliche
- **Weg von Perfektion:** 3 Minuten sind zu kurz für „perfektes" Zeichnen

„3-Minuten-Sketches sind die ideale Gelegenheit, um eine Zeichenroutine zu entwickeln und neue Zeichenthemen zu entdecken."
Annika Busse

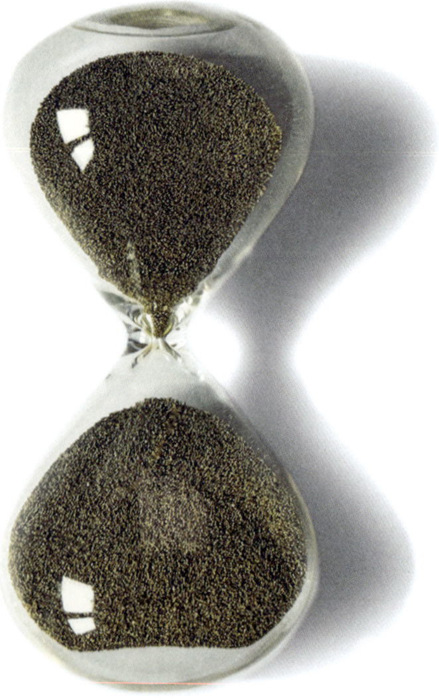

Es ist ein Intensivtraining für Auge, Gehirn & Hand. Wir konzentrieren uns vollkommen auf die Zeichnung, suchen nach der Essenz und erfassen diese so rasch und treffend wie möglich.

„Es ist faszinierend, wie viel wir in so kurzer Zeit lernen können. Ich bin schneller und selbstbewusster geworden und spüre diese Wirkung auch bei meinen langsamen Sketches."
Tatiana Tsybizova

Meine Leseart-Empfehlung:

Nimm das Buch am besten immer in deiner Tasche mit (es heißt ja auch Taschenbuch.) Hole es mindestens einmal am Tag heraus, schlage eine beliebige Seite auf und zeichne für 3 Minuten. Fertig.

Tipp #1

Lege dir einen Stift bereits auf deinen Frühstücksteller. Als Erinnerung. So wird das tägliche Zeichnen zur Routine. Und es wird sich komisch anfühlen, wenn du an einem Tag nicht zeichnest.

Tipp #2

Es müssen nicht genau 3 Minuten sein, wenn dich das stresst. Zeichne einfach für 5 Minuten. Es geht um den Effekt des Fokussierens, weniger um die exakte Zeitdauer. Genauso gut kannst du dabei ein Lied abspielen, das circa 3 Minuten dauert.

Jeder hat eine andere Zeichengeschwindigkeit, darum sind manche Motive komplexer und manche einfacher gehalten. Je nachdem, wie viel Zeit du dir nehmen möchtest. 3 Minuten sind eine Orientierung. Es ist absolut perfekt, wenn manchmal 3 Stunden daraus werden. Mehr als perfekt.

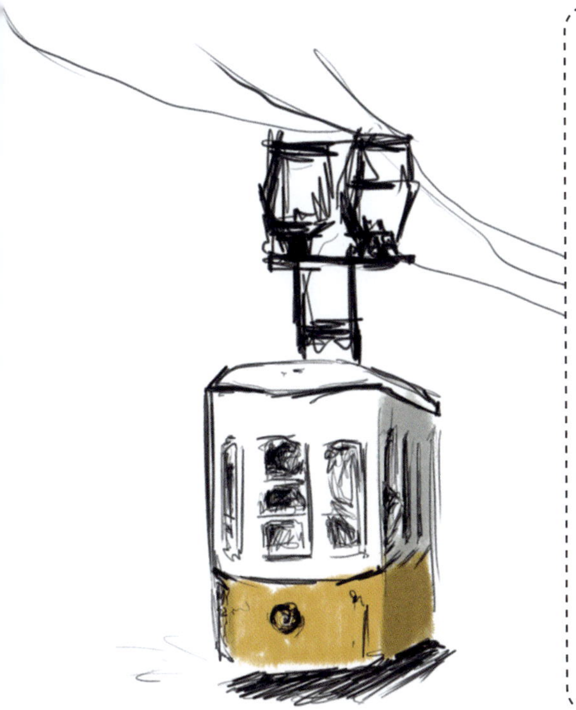

Dein 3-Minuten-Testsketch

Stilvarianten

Lass uns die täglichen Sketches gleich mit einem Experiment starten.
Warum? Weil sich unser Zeichenstil nur dann entwickeln kann, wenn wir es ihm erlauben. Wenn wir ihm die Freiheit geben. Deshalb brauchen wir beim Zeichnen immer genügend Raum für Experimente. Egal, wie das Ergebnis aussieht.

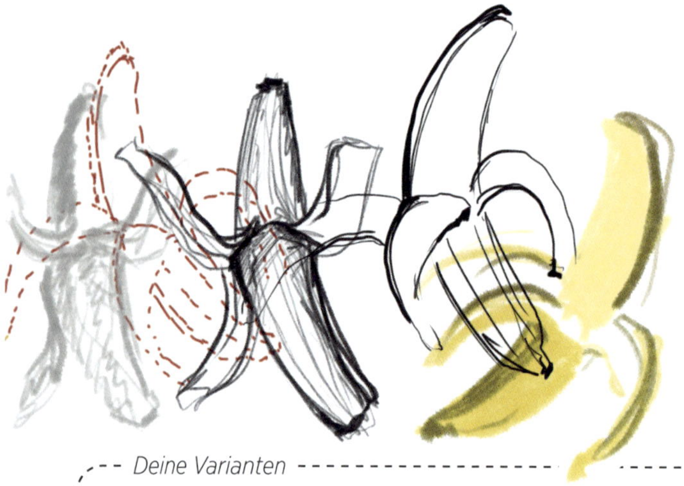

Bereite dir unterschiedliche Stifte vor: Kohle, Bleistift, Aquarell, Tinte, wasserlösliche Tinte, Ölkreide, Pastellkreide, Rötelkreide ... und zeichne die Banane in verschiedenen Stilen.

Was immer dich inspiriert. Für 3 Minuten – oder auch für längere Zeit.

Deine Varianten

Erwarte keine bestimmten Ergebnisse im Sketchbook. Zeichne drauf los und experimentiere. Hole dir bewusst die Entspannung in den Zeichenprozess. Denn genau dann kommen auch die Inspirationen und die Ideen dazu.

Linienstil: Es ist nicht immer notwendig, verschiedene Farben oder Stifte zu verwenden, um ein Motiv unterschiedlich darzustellen. Verwende einen anderen Linienstil für den Igel als für die Blätter.

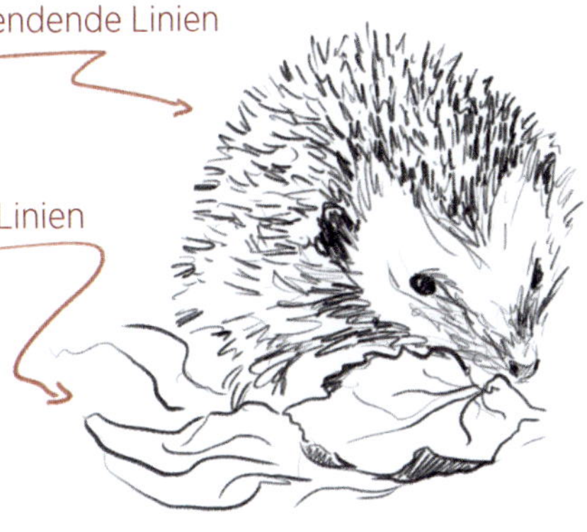

„Nichts ist beim Zeichnen so kraftvoll wie das ehrliche Interesse am Motiv."

Manchmal vergessen wir das Spielerische am Zeichnen. Das Experimentierfreudige. Und wir versuchen, nur tolle Zeichnungen ins Sketchbook zu lassen. Und genau **dieses Kontrollieren hält uns davon ab, außergewöhnlich zu sein**. Weil wir jede Linie unter Kontrolle halten. Sodass wir nie über unsere inneren Grenzen hinaus zeichnen können.

Lass uns doch diese Grenzen ab und zu durchbrechen und einfach aus der Freude heraus zeichnen. Egal, wie es dann im Sketchbook wirkt.

„Die Kunst begann tatsächlich mit Abstraktion."

Sigfried Giedion

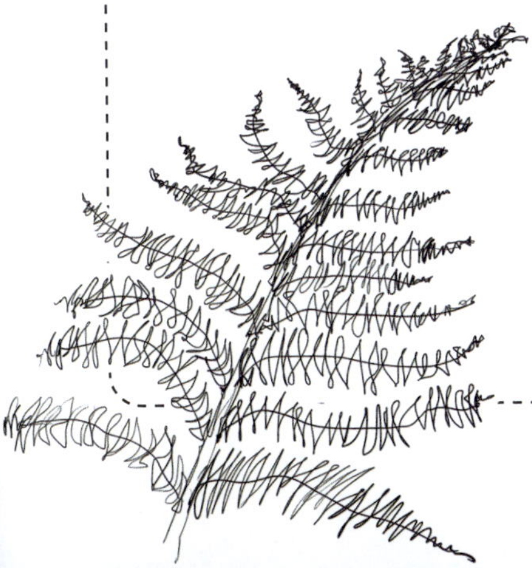

Oneliner

Eine Linie.
Um ein Gefühl fürs Motiv zu bekommen.

Du bleibst mit dem Stift auf dem Papier. Dadurch kannst du dich in aller Ruhe auf die Linienqualität konzentrieren.

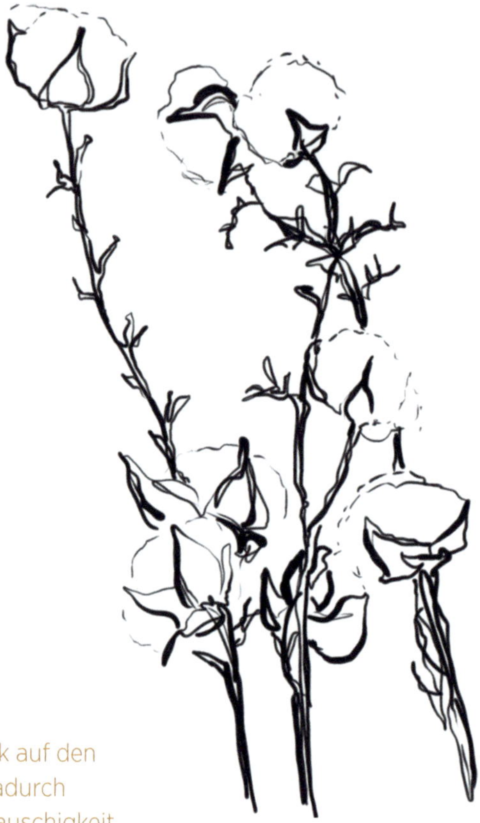

Flauschig versus knorrig:
Variiere den Druck am Papier: Leichter Druck auf den Stift, um hauchzarte Linien darzustellen – dadurch entsteht gleich viel stärker der Effekt von Flauschigkeit bei den Baumwollblüten.

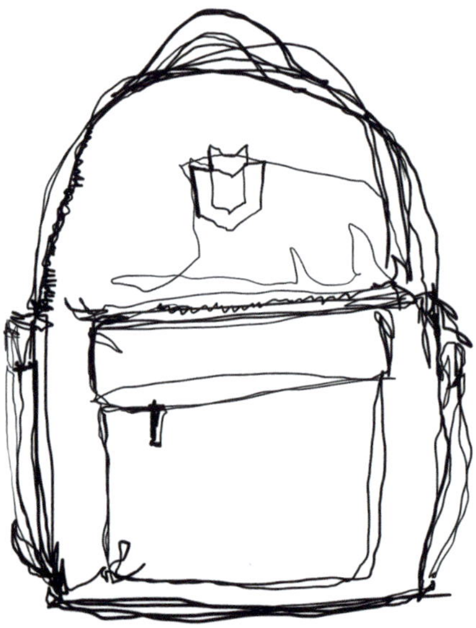

Bleibe, auch wenn du den Rucksack zeichnest, mit dem Stift am Papier.

Variiere die Linienstärke: Manche Linien dürfen heller bleiben, andere sind kräftiger oder sogar mehrmals gezogen, wenn sie besonders wichtig sind.

Spüre die Linien am Papier, indem du den Rucksack und die Baumwolle mehrmals zeichnest. Oder andere Motive rund um dich: Blumen, Kleidung, Muscheln ...

Deine Oneliner

„Lass den Bleistift am Papier, das gibt Raum für den Fokus auf die Linienqualität."

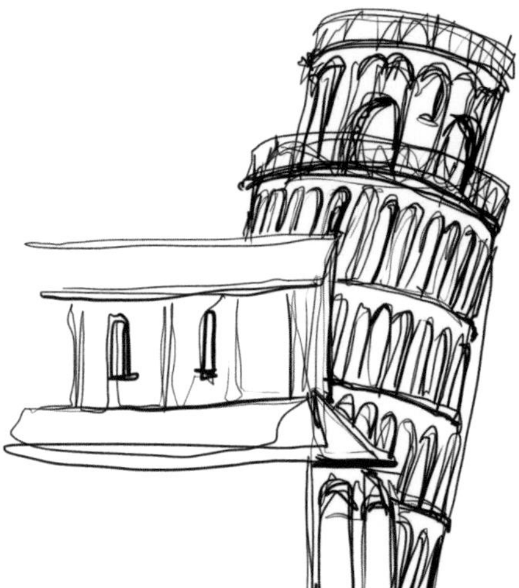

Textur

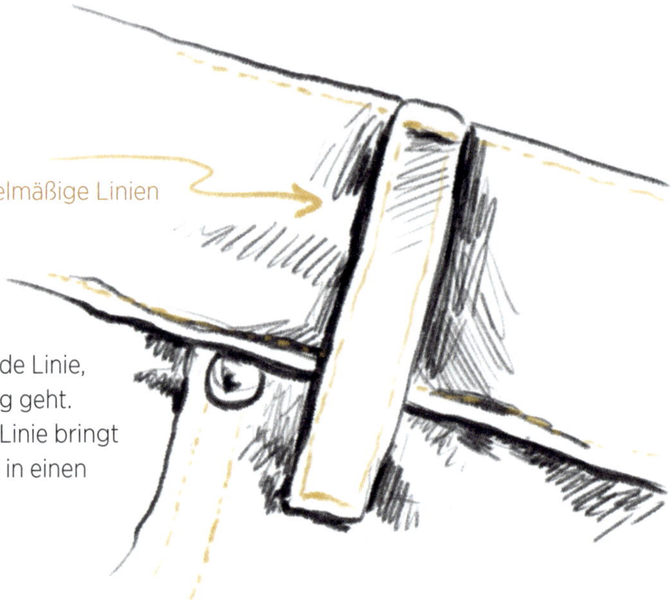

Vermeide die perfekte, gerade Linie, wenn es um weiche Kleidung geht. Die Unregelmäßigkeit einer Linie bringt oft erst richtig Lebendigkeit in einen Sketch.

Deine Texturen

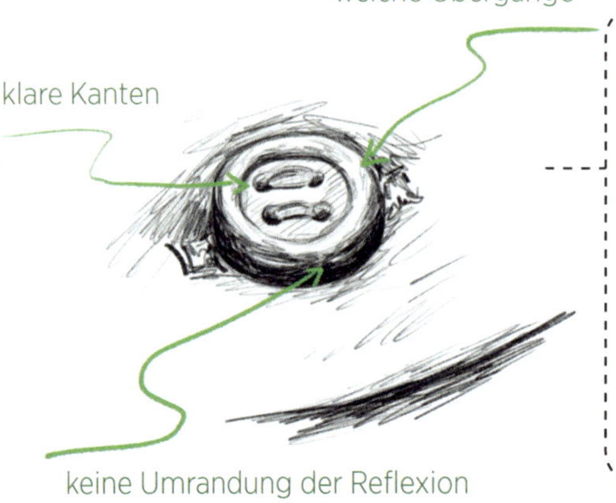

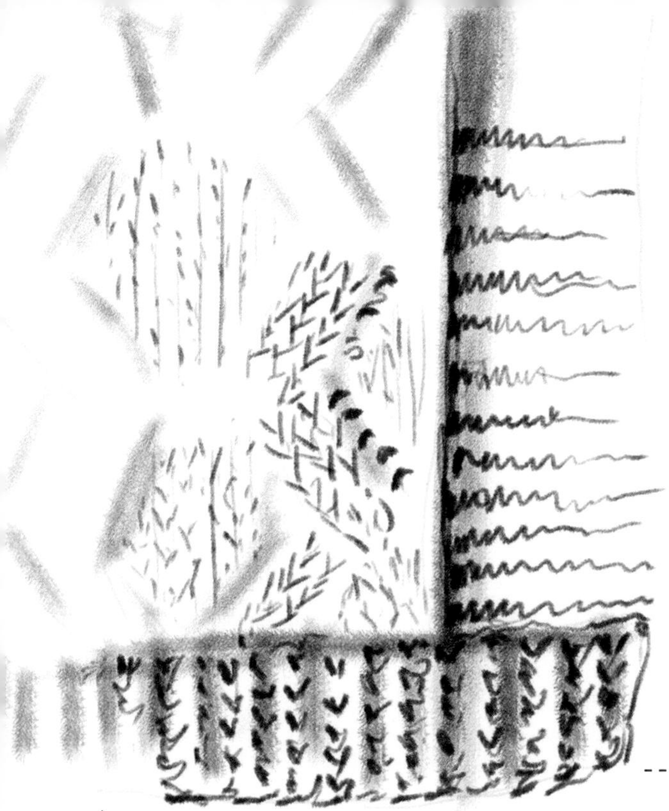

1. Struktur
2. Schattierung
3. Details

Je weniger Licht auf die textile Oberfläche fällt, desto stärker kann das Muster eingezeichnet werden.

Es unterstützt dadurch den Licht-Schatten-Effekt und wirkt dreidimensionaler.

Deine Sketches

Diese Stoffübung hier ist so richtig grob. Kein detailgetreues Abzeichnen jeder einzelnen Schlaufe des Strickmusters. Hier geht's darum, herauszufinden, welche Linien notwendig sind, um das Muster und die Natur der Strickware darzustellen. Das ist bei so minimalistischen Sketches oft herausfordernder als bei realistischen Zeichnungen, bei denen wir jedes Detail übernehmen, ohne es zu gewichten.

Schattierung durch Textur

Deine Sketches

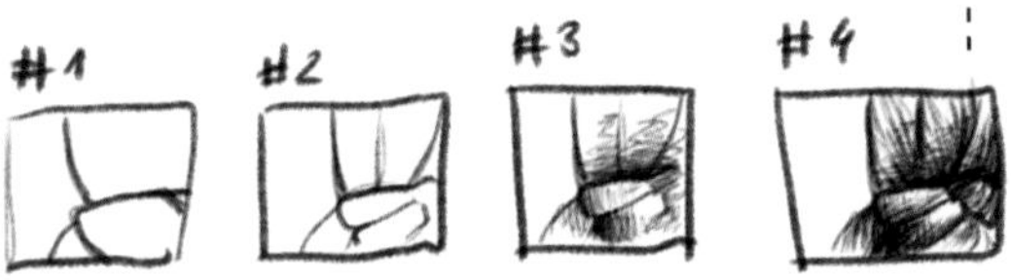

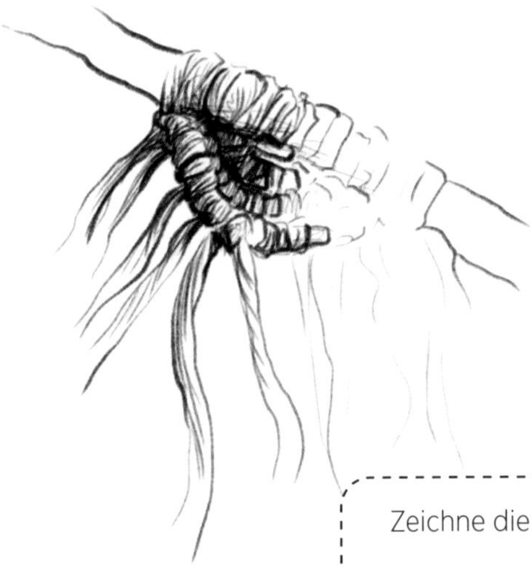

Zeichne die Textur dunkler in den schattigeren Bereichen.

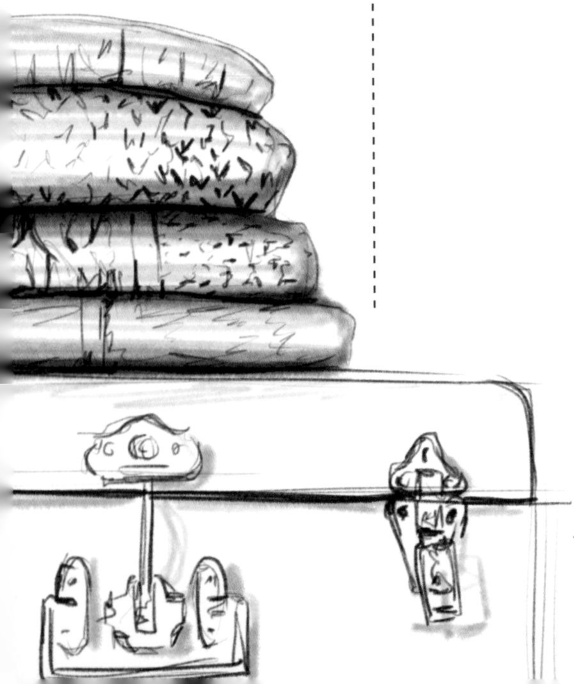

„Perfekte" Linien wirken oft starr. Verwende entspannt unregelmäßige, teils verwackelte Linien, um die Weichheit des Stoffes zu zeigen.

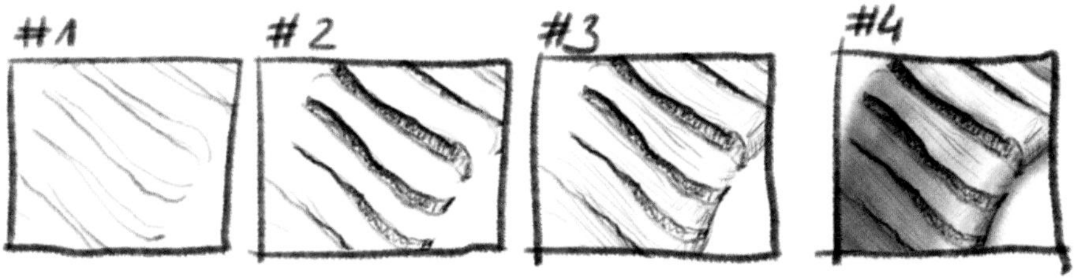

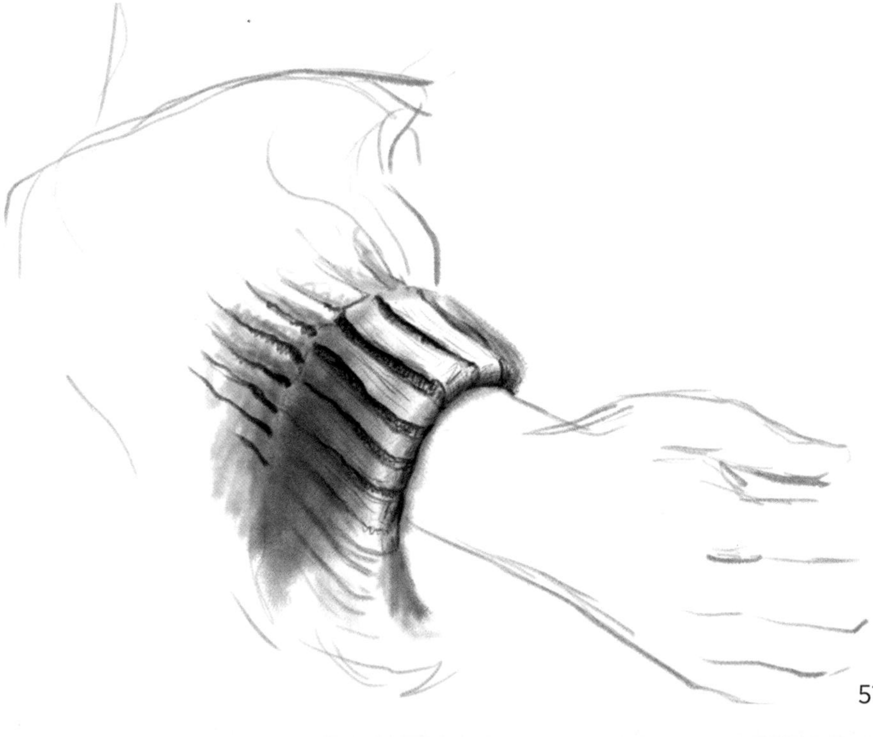

Oberflächenwirkung

Wie fühlt sich etwas an? Oder eher: Wie sieht etwas aus, sodass wir beim Anblick bereits fühlen, wie die Oberfläche beschaffen sein muss? Ob deine Wahl auf Bleistift oder Tinte fällt, auf feine, weiche Linien oder harte Striche, fließt in den Ausdruck der Zeichnung mit ein.

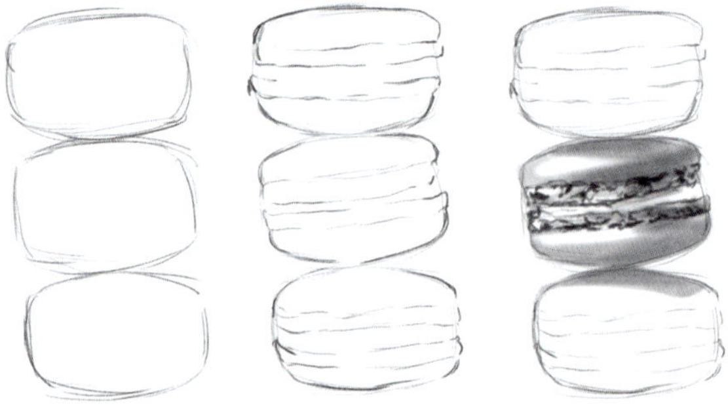

Die groben Striche des 6B-Bleistifts machen die raue Kruste des Macarons richtig spürbar. Sie stehen in starkem Kontrast zu dem weichen, sanften Stil der Ober- und Unterseite.

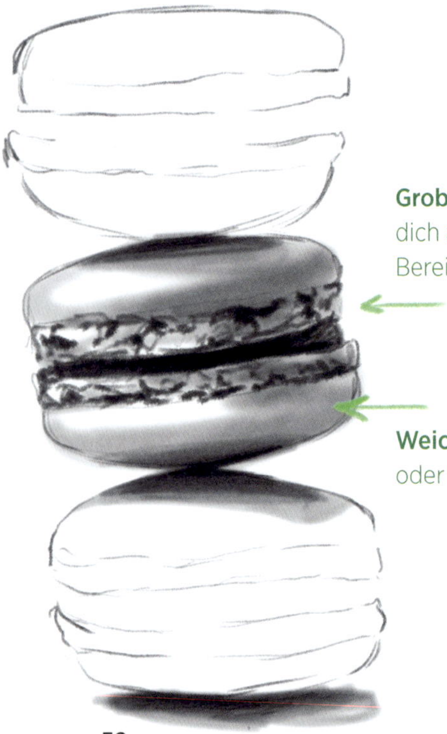

Grob: fokussiere dich auf die dunklen Bereiche

Weich: keine Ecken oder harten Linien

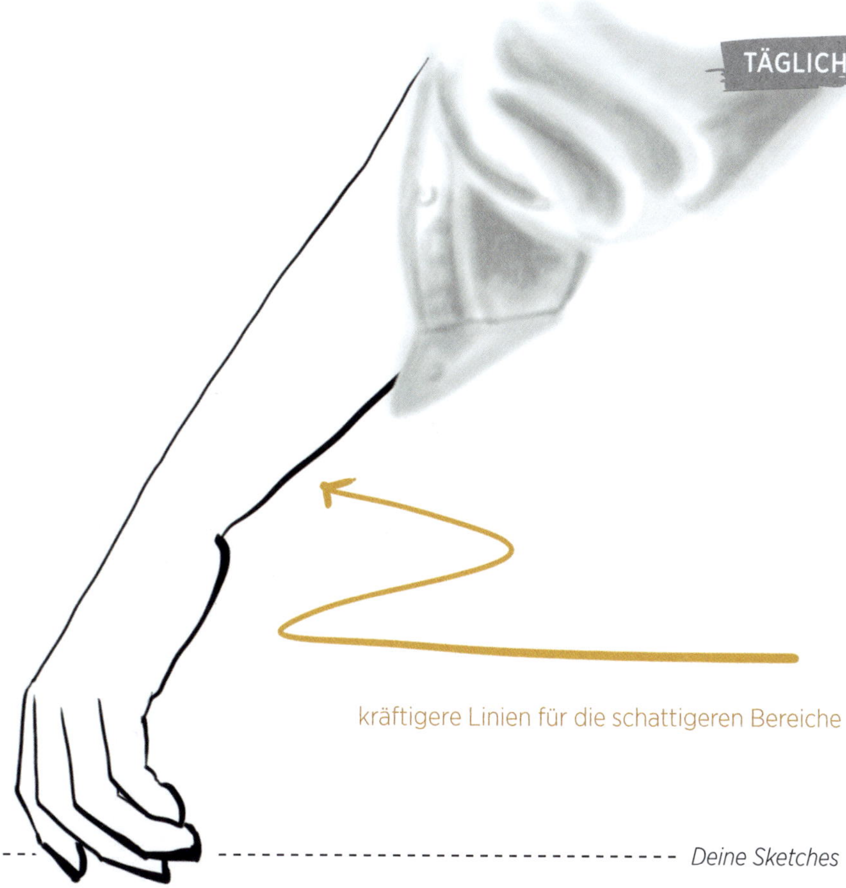

Deine Sketches

Tonwerte in der Natur

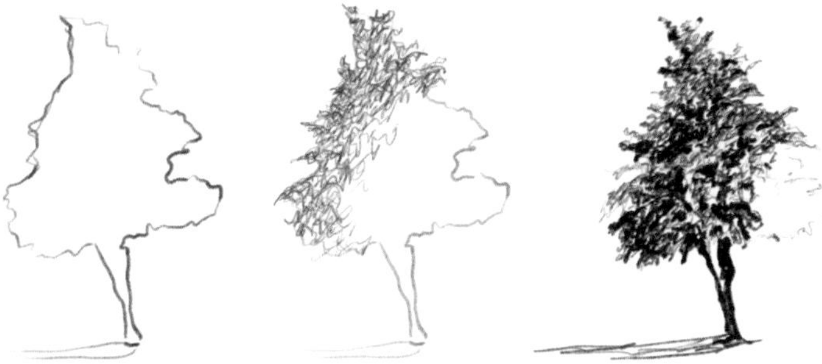

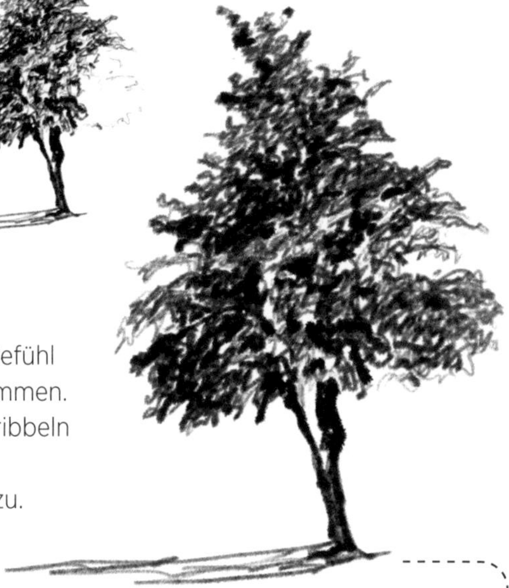

Beginne mit einer leichten Kontur, um ein Gefühl für die Art und Größe des Baumes zu bekommen. Danach kommen die Schichten: leichtes Scribbeln mit dem Bleistift. In den dunklen Bereichen kommen mehr dieser Scribbleschichten dazu.

Deine Baumsketches

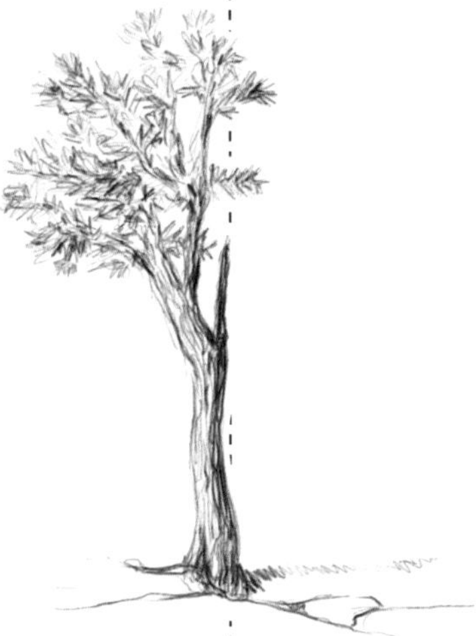

Wenn du eine (imaginäre) Lichtquelle definierst und die Schattierung des Stammes danach ausrichtest, bekommt der Baum noch mehr Dreidimensionalität und Ausdruck.

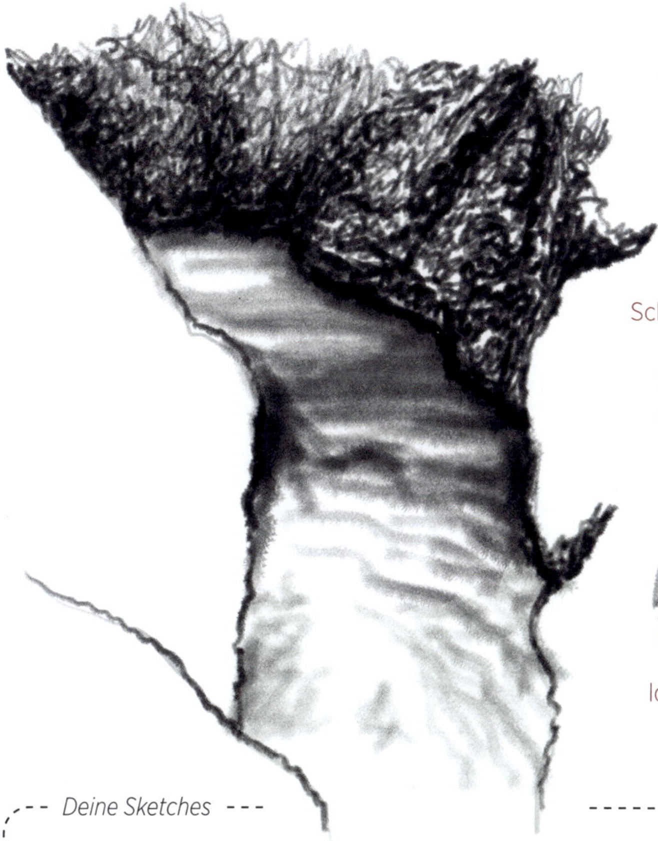

Genau dasselbe Prinzip der Schichten können wir auch bei Landschaften anwenden: Schattigere Bereiche haben denselben Scribblestil, aber mehr Schichten.

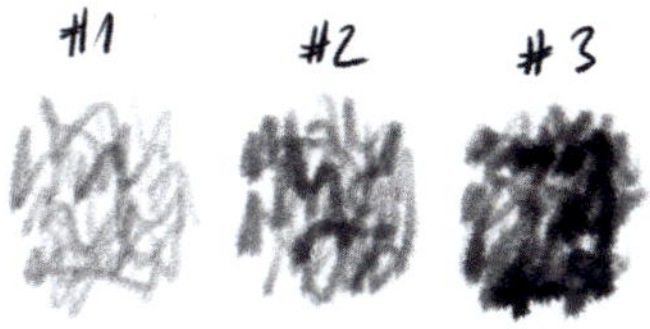

lockere, gekräuselte Linien in mehreren Schichten

Deine Sketches

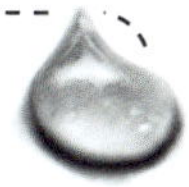

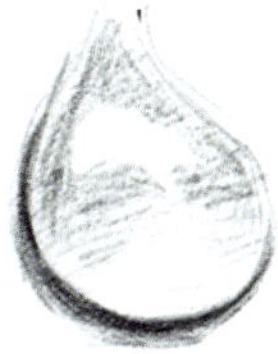

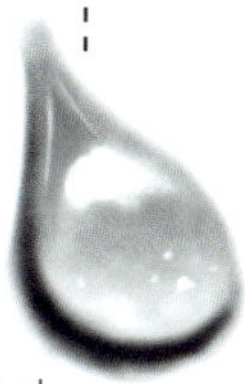

Wassertropfen funktionieren super durch Kontrast: ein dunkler Schatten und helle Lichtspiegelungen – egal, ob schraffiert oder mit einem Papierwischer weich gezeichnet.

Blütenblätterpunkte

Kleine Punkte helfen, um komplexe Blatt- und Blütenmuster etwas vorzustrukturieren.

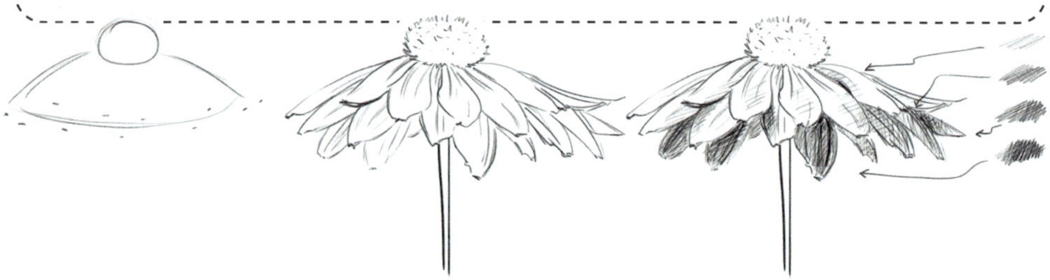

Drücke das Überlappen der Blütenblätter klar aus. Sodass ein deutlicher Unterschied der Blattebenen erkennbar ist. Egal, ob mit Schattierung oder ohne.

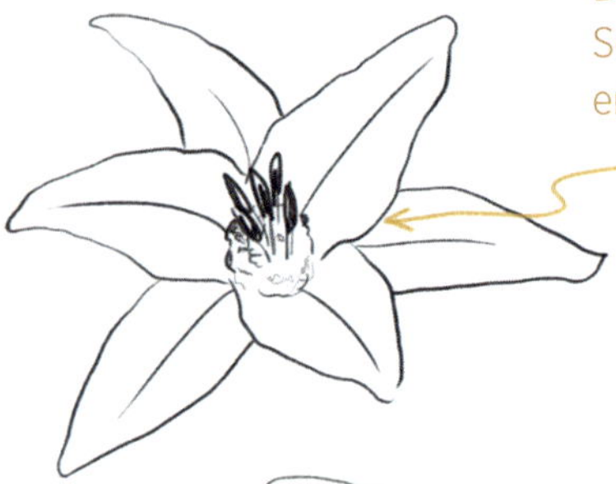

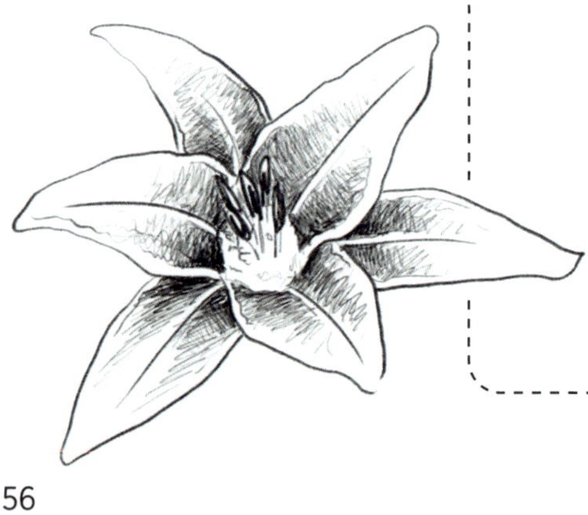

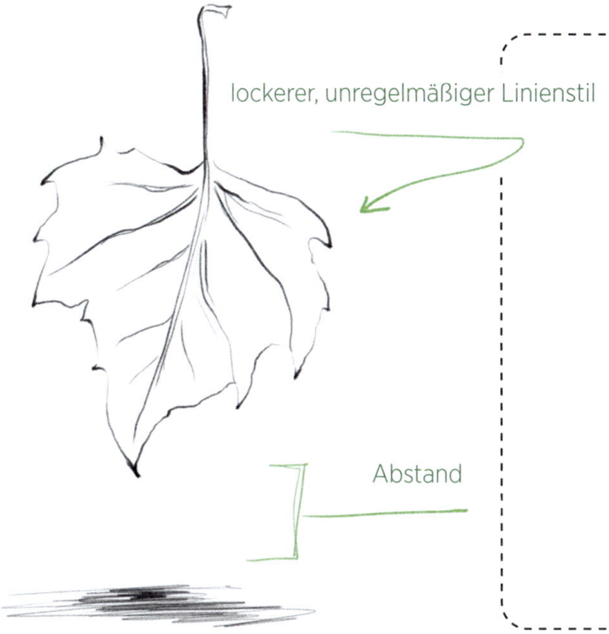

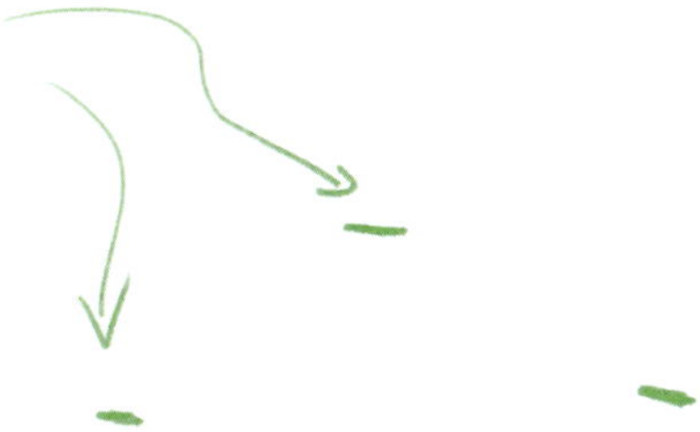

3 Punkte:
Definiere die Größe des Blattes anhand dreier Punkte, bevor du zu zeichnen beginnst.

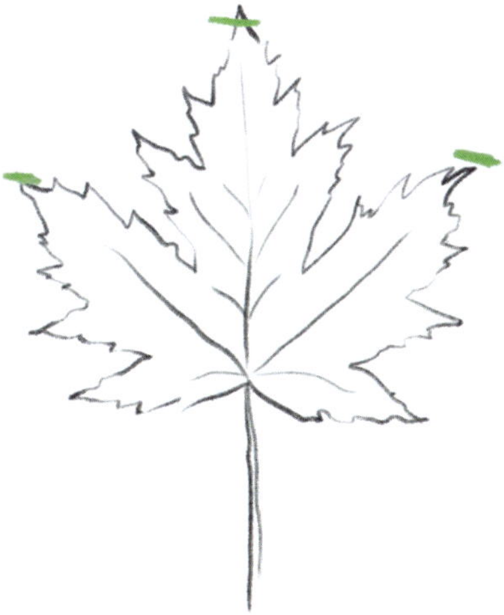

Diese Markierungen reichen völlig aus, um Symmetrie und Form zu definieren.

Dein Ahornblatt

Struktur vor Textur

Die Tiefenwirkung einer Landschaft kann wunderbar mit Tonwerten erreicht werden: erst die Struktur definieren und im 2. Schritt die Textur mit Schattierungstechniken aufbauen.

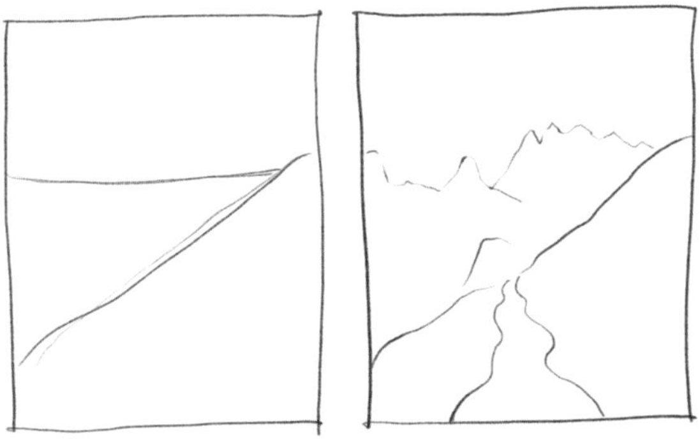

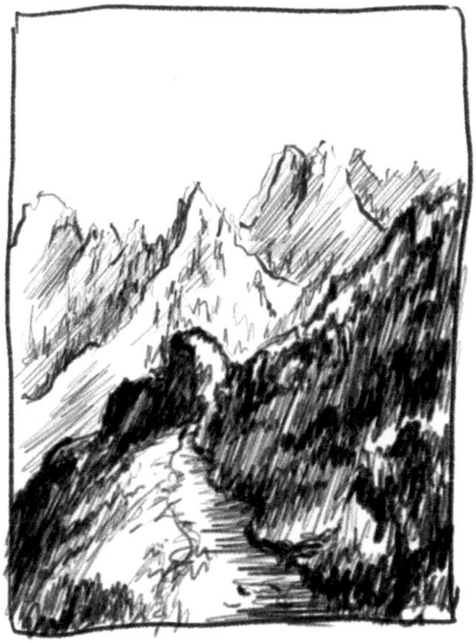

Arbeite in Schichten: Es muss nicht gleich zu Beginn die Dunkelheit des vorderen Hanges entstehen. Arbeite sie Schicht für Schicht heraus und vergleiche die Gesamtwirkung der Tonwerte.

Deine Berglandschaft

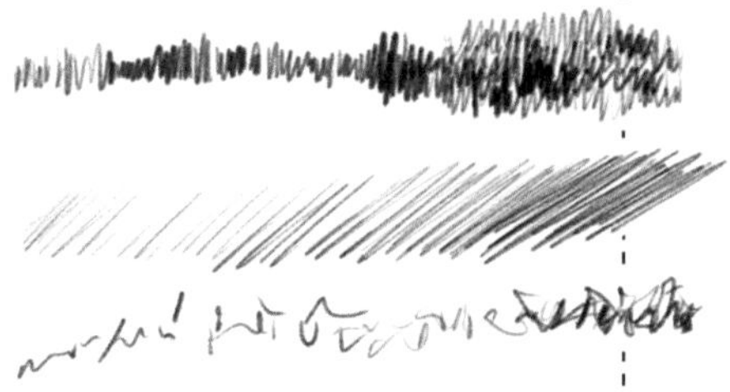

Erzeuge die Tonwerte der Landschaft mit verschiedenen Schattierungsstilen

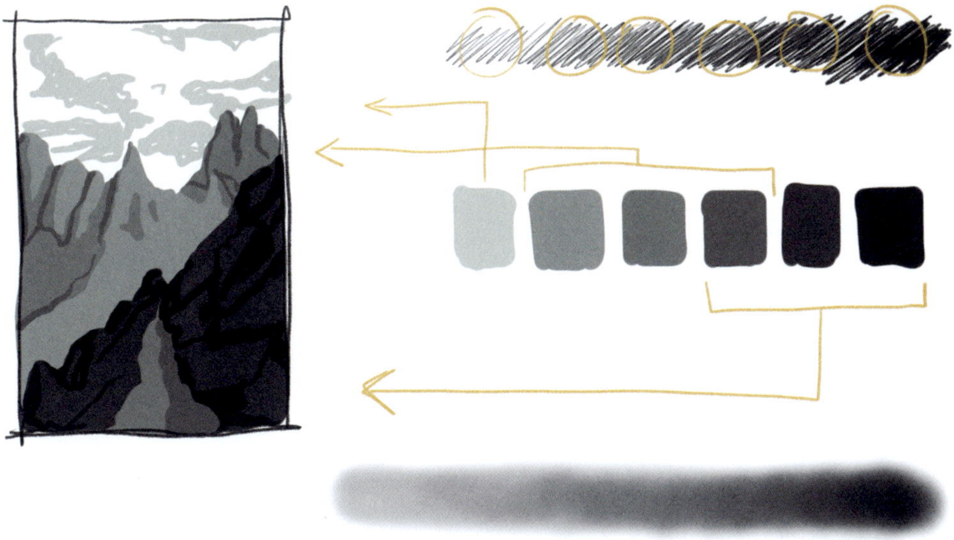

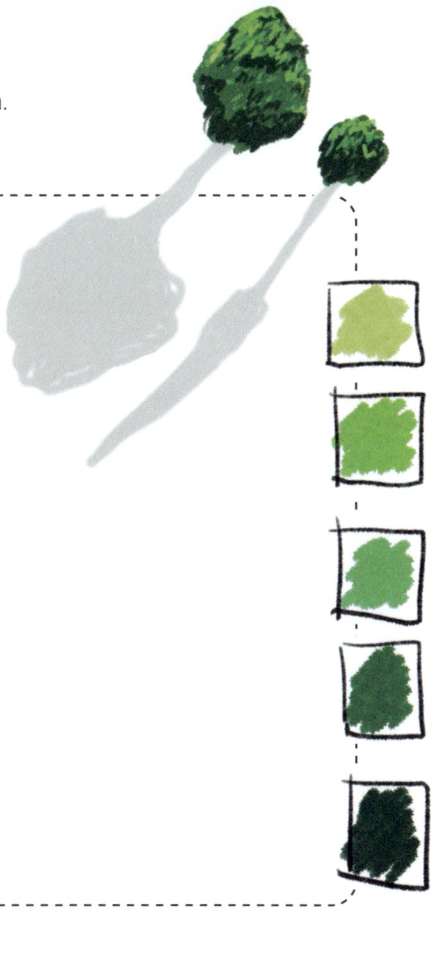

Bei flächigen Zeichnungen lassen sich die Tonwerte oft leichter abschätzen. Egal, ob in Farbe oder in Grautönen.

Deine Tonwertexperimente

Tonwertübung

Landschaft

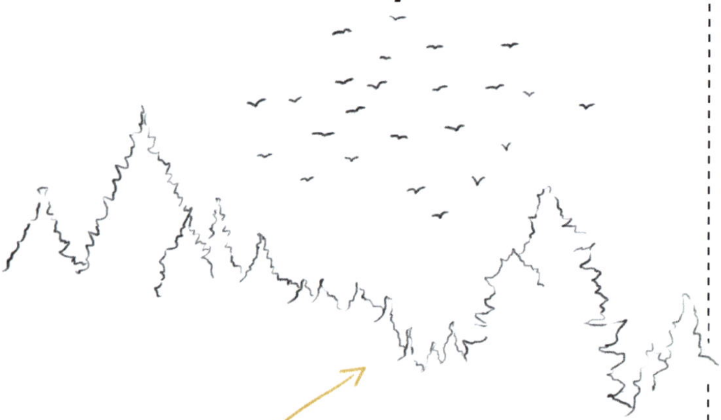

Konturen sagen bereits viel.

Es ist nicht immer notwendig, alles zu zeichnen. Was ist die Essenz des Waldes? Welche Linien brauche ich wirklich, um den Wald auszudrücken?

Die Baumwipfel sind nur grob angedeutet, fast nicht mehr erkennbar. Sie werden durch die Bäume im Vordergrund erklärt.

Absteigender Detailgrad. Hier zählt mehr das Gesamtbild, weniger jeder einzelne Ast.

Je näher, desto dunkler. Im Lagenstil. Je mehr Schichten, desto komplexer wirken die Bäume, ohne dass wir wirklich Details zeichnen.

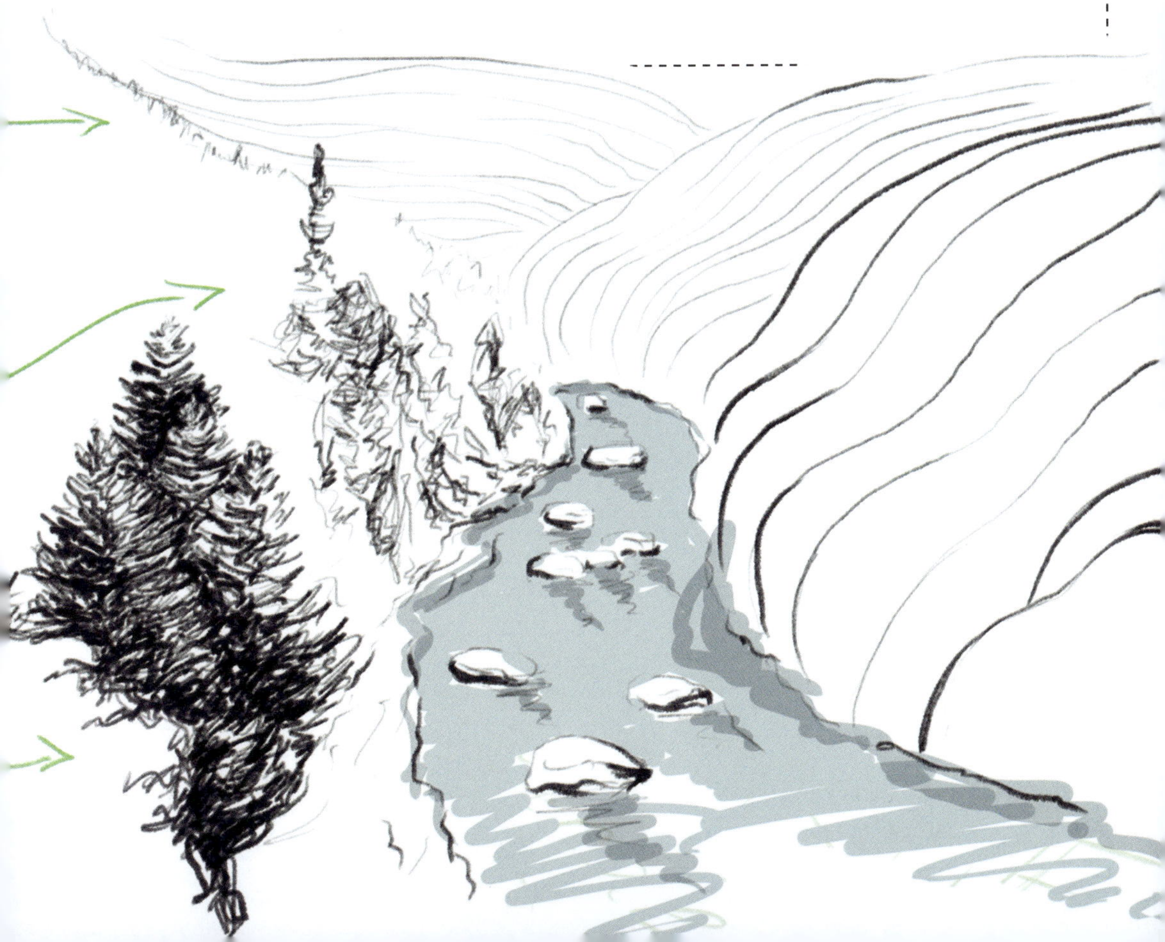

Balance und Bewegung

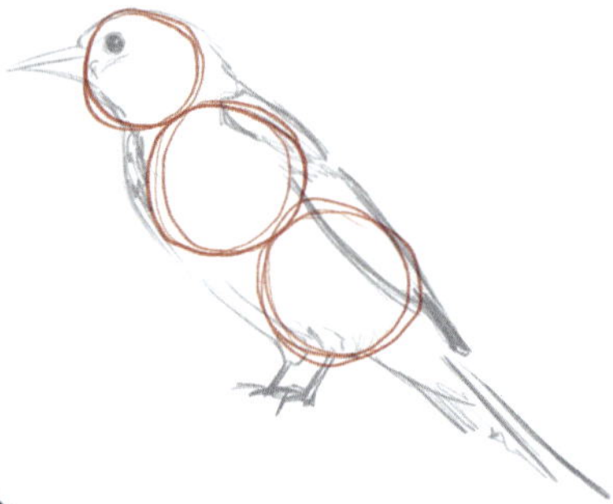

Diese 3 Kreise beinhalten bereits viel Information: die Höhe und die Breite des Vogels sowie die Größe des Kopfes im Vergleich zu seinem Körper.

Dadurch können wir die Vogelart bereits klarer definieren, bevor wir überhaupt ins Detail gehen und Federn, Schnabel & Co. zeichnen.

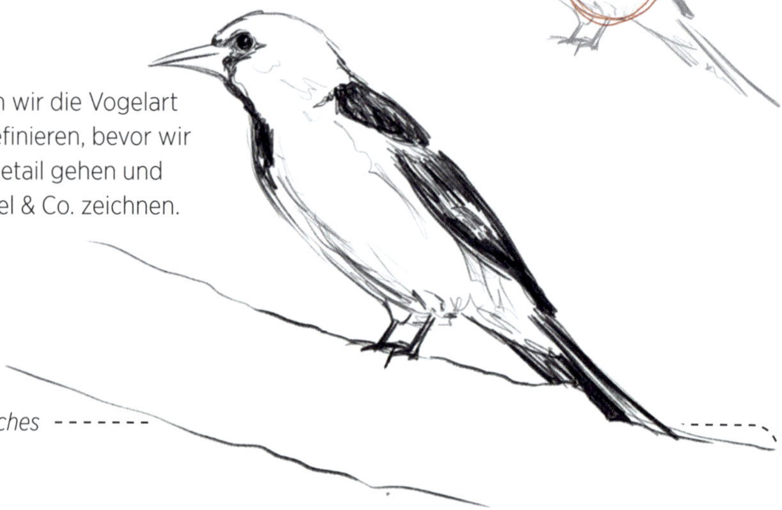

Deine Sketches

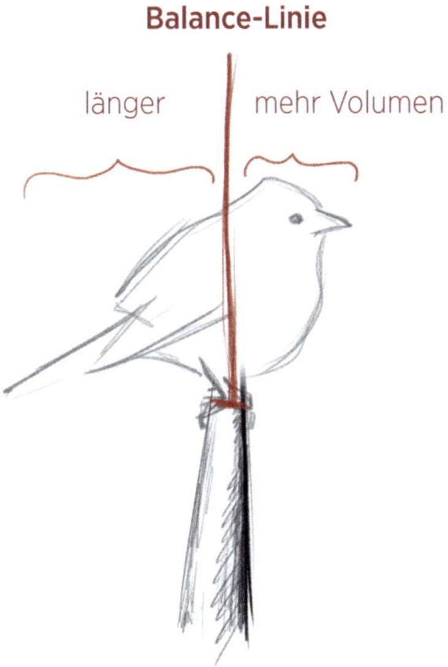

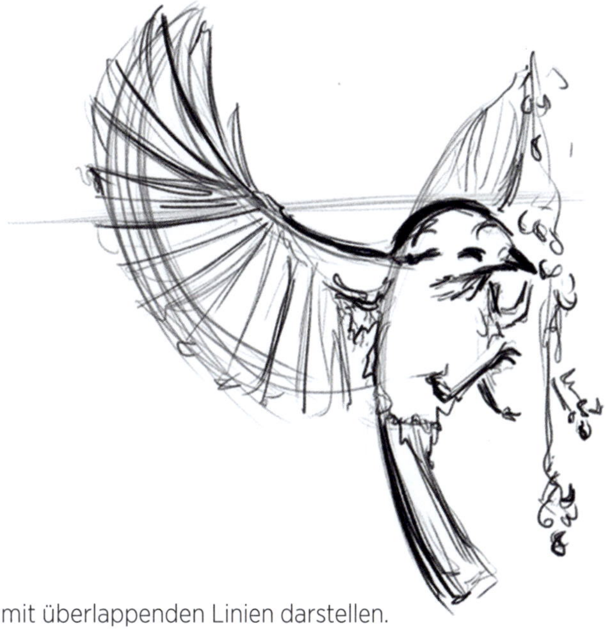

Flügelschläge lassen sich wunderbar mit überlappenden Linien darstellen. Übe für diese Linien abwechselnd mehr oder weniger Druck auf den Bleistift aus. Keine der Linien muss die Federn perfekt abbilden, manche laufen einfach aus, andere überlagern sich.

Deine Sketches

Tiefenwirkung:
Wiederhole an manchen Stellen (wie bei der Schwanzfeder) die Linien mit erhöhtem Bleistiftdruck. Dadurch wirken die Federn dreidimensionaler.

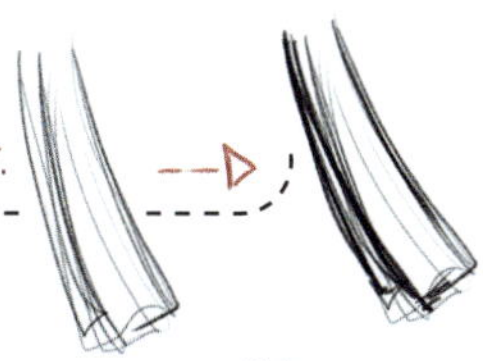

Fell in Lagen

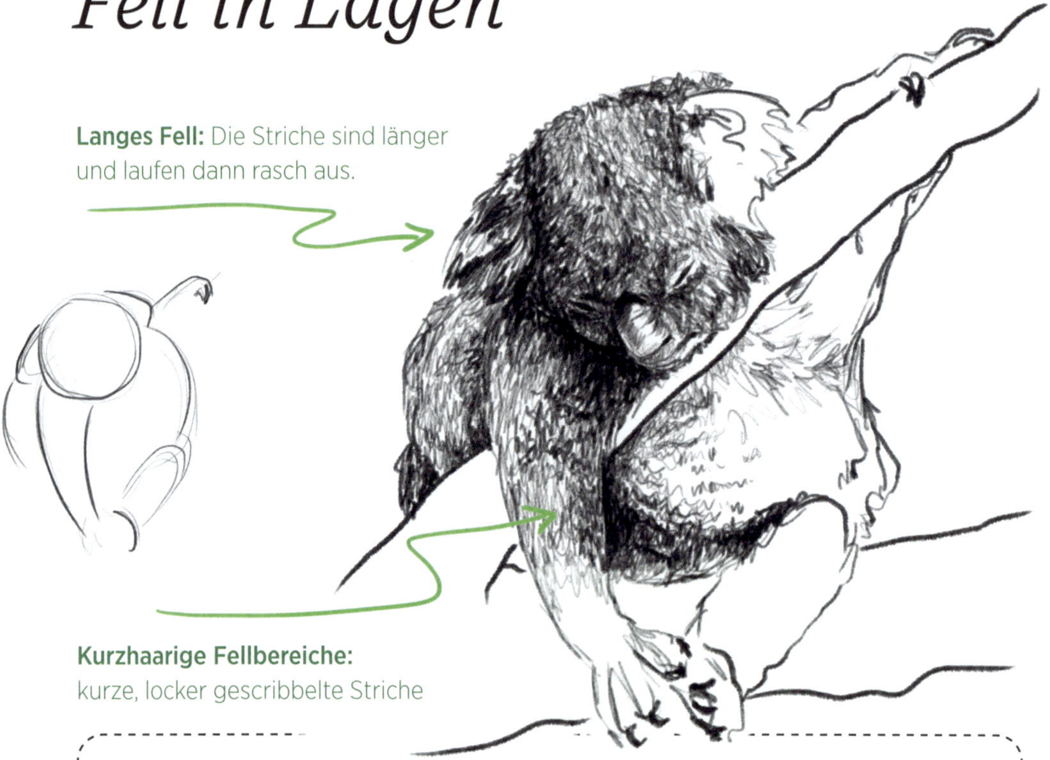

Bei diesem Koalafell können wir einen ähnlichen Ansatz wählen wie beim Flusstal: kurze, undeutliche, leichte Linien. Je mehr Schichten dieses Linienstils, desto dunkler und schattiger der Bereich – ohne dass wir hier etwas am Zeichenstil ändern.

Deine Fellübungen

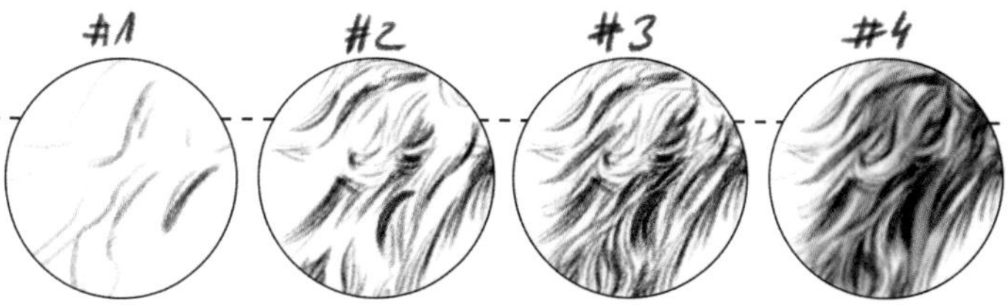

#1: Leichte Linien definieren die dunkelsten Bereiche.

#2: Baue überlappende Haarstellen ein, das macht das Haar dreidimensionaler.

#3: Wiederhole dieselben leichten Linien immer wieder, verändere nur leicht die Position des Stiftes. Dadurch baut sich eine gefühlte Fülle an Haarsträhnen auf.

#4: Mit dem Papierwischer kannst du zusätzlich eine homogenere Oberfläche erzeugen.

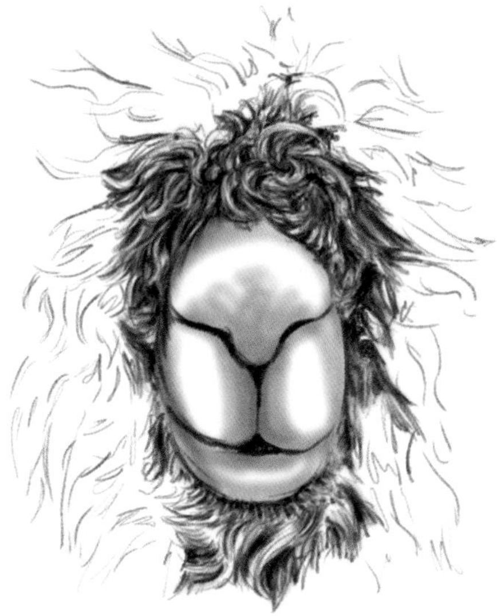

Fell braucht Lagen. Die erste Schicht Fell sieht meist nicht so richtig nach Fell aus. Je mehr Lagen, desto mehr Kontrast, desto ausdrucksstärker.

Flossen und Eleganz

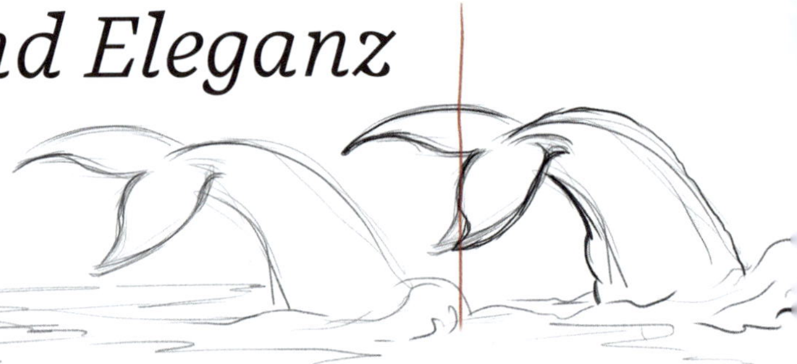

Ansatz 1:
1. Sketch nach Gefühl
2. Kontrolle durch Leitlinien

Intuition und Leitlinien dürfen ruhig Hand in Hand gehen. Beginne die Zeichnung nach Gefühl, um den Schwung der Flosse gut auszudrücken. Im 2. Schritt kannst du diesen Bogen eventuell korrigieren. Auf welcher Höhe endet die rechte Flossenseite?

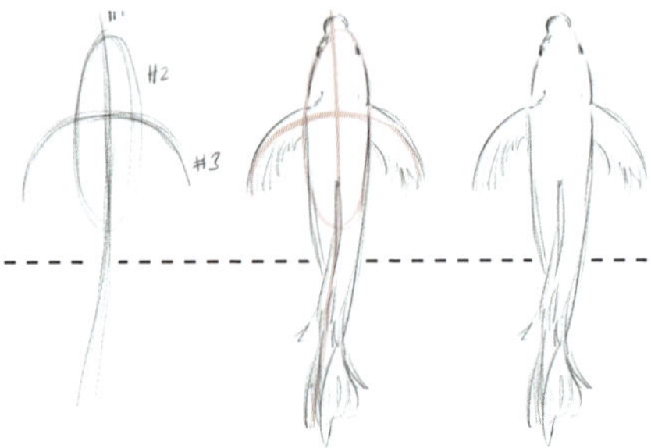

Ansatz 2:
1. Start mit Leitlinien
2. Definition der Körperumrisse

Oder genau umgekehrt: Lege mit einer Leitlinie die Grunddynamik des Fisches fest und definiere erst im 2. Schritt die Umrisse des Körpers. Versuche beide Ansätze und du wirst schnell merken, welche Methode sich für dich stimmig anfühlt.

Egal, ob Haare oder feine Flossen: Die Linienqualität ist hier ausschlaggebend. Beginne mit festerem Druck, ziehe schwungvoll die Linie und hebe währenddessen den Stift leicht an, sodass die Linie immer heller wird.

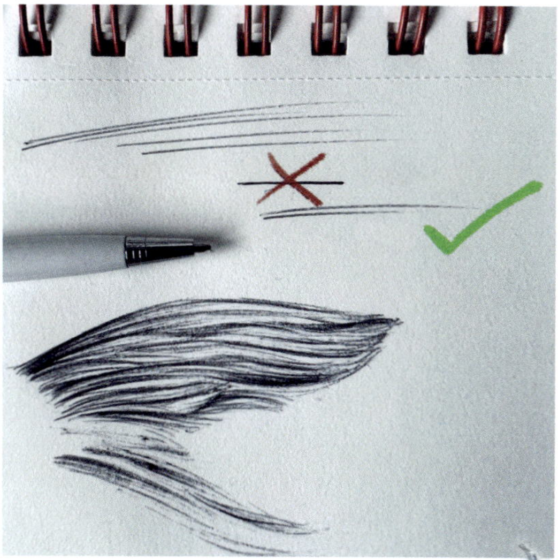

Deine Linienvarianten

Deine Sketches

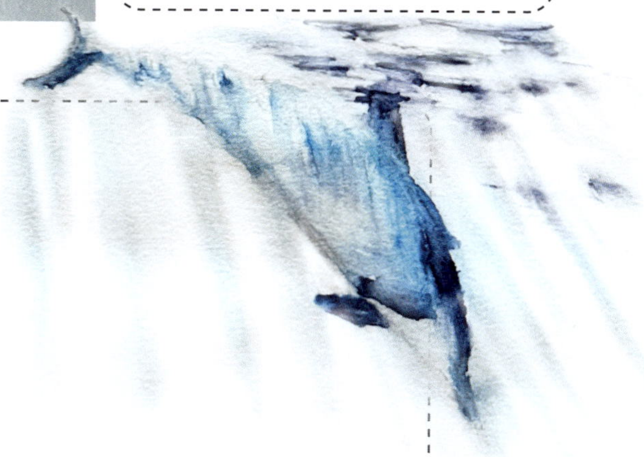

Stromlinienförmig: Diesen Delfin habe ich mit wasserlöslicher Tinte gezeichnet.

Zentral war hier, dass die Lichtstrahlen die Form des Körpers unterstreichen.

Pferd vs. Stubenfliege

Tiere haben so viele Facetten. Wenn wir die Proportionen eines menschlichen Körpers zu zeichnen gelernt haben, können wir gut auch die Merkmale weiblicher und männlicher, ebenso wie kindlicher Körperformen definieren. Bei den Tieren ist es ganz anders. Ein Pferd und eine Stubenfliege haben so gar nichts miteinander gemein.
Meine Vorgehensweise ist hier, dass ich mir die zentralen Charakteristiken einer Tierart genau ansehe und anschließend den Schwerpunkt beim Zeichnen darauf setze.
Ein Beispiel: Was unterscheidet Pferde und Kühe voneinander?

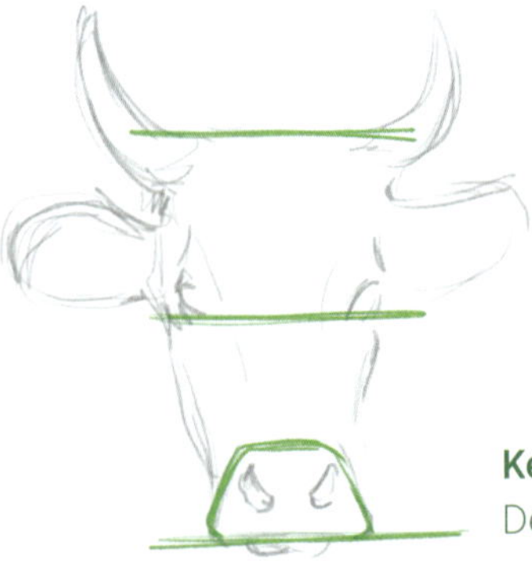

Keine halbe-halbe Sache:
Der Abstand zwischen Augen und Maul ist größer als der zwischen Augen und Scheitel.

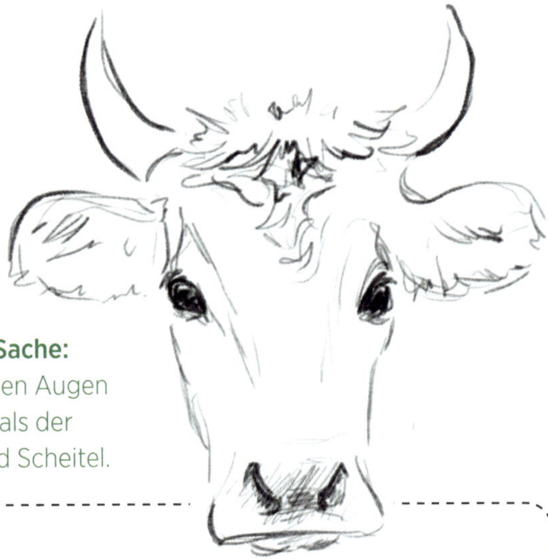

Übertreibe das trapezförmige Maul und die Form der Nasenlöcher ein wenig.

Eine Leitlinie von der Stirn bis zur Nase hilft bei der Platzierung der Augen und Nüstern.

Diese Partie ist hier deutlich flacher ausgeprägt als bei der Kuh.

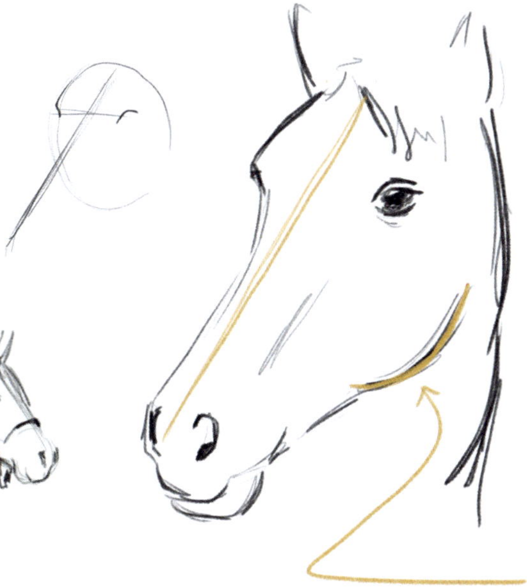

ausgeprägter Schwung für die Backen

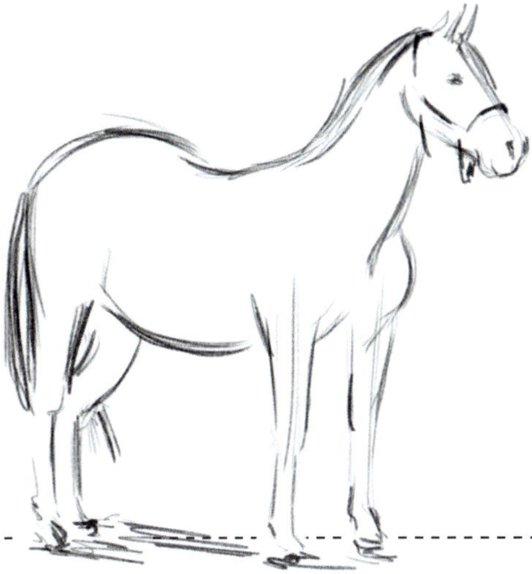

Deine Sketches

Katzen

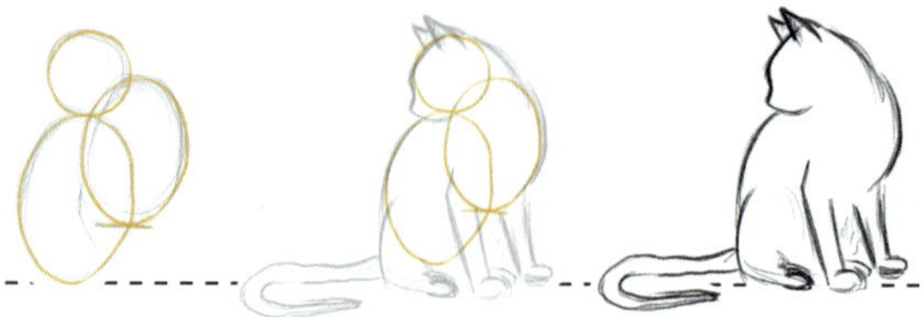

Verwende Richtlinien für die Position der Schnauze.

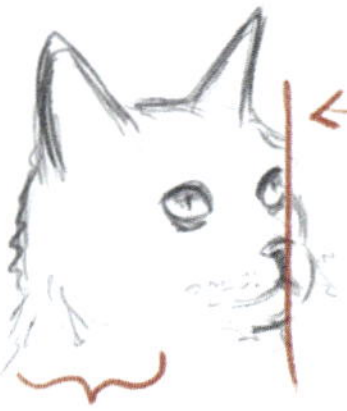

Plane genug Platz für die Seite ein.

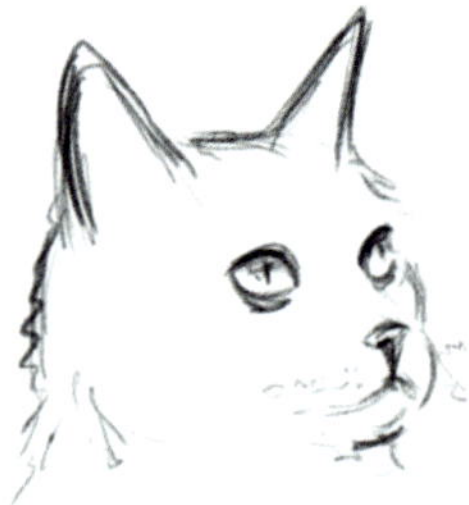

Wann ist es eine Katze, wann ein Hund? Hört sich so logisch und klar an, kann aber eine Herausforderung auf dem Papier werden. Darum ist es hilfreich, sich zentrale Erkennungsmerkmale einzuprägen.

lange Stirn,
starker Schwung auf Augenhöhe

Ohren: weit hinten positioniert

ausgeprägte Nackenrundung

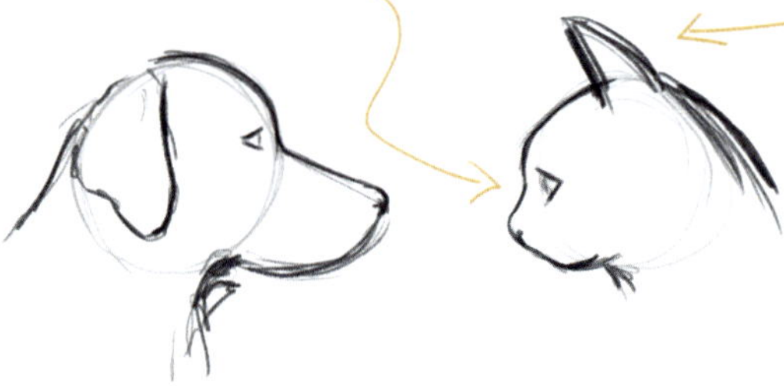

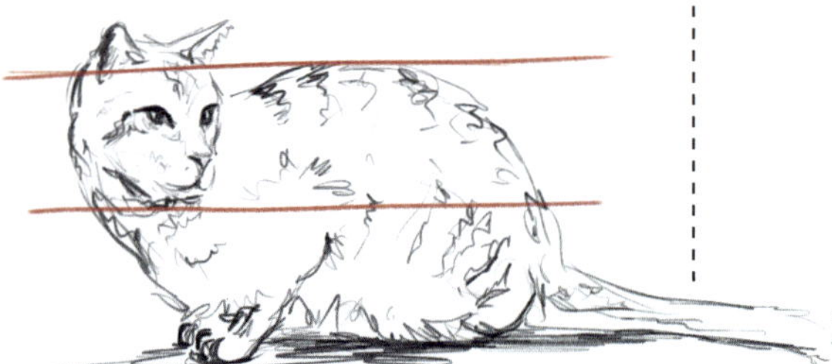

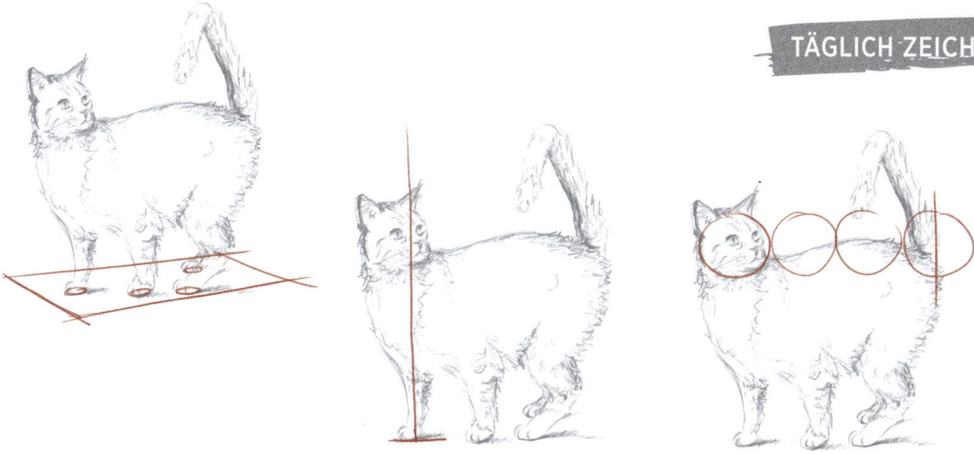

Es gibt keine festgelegten Richtlinien. Suche dir die Grundformen und Leitlinien heraus, die für dich persönlich die größte Stütze beim Zeichnen sind. So einfach wie möglich.

Deine Katzen

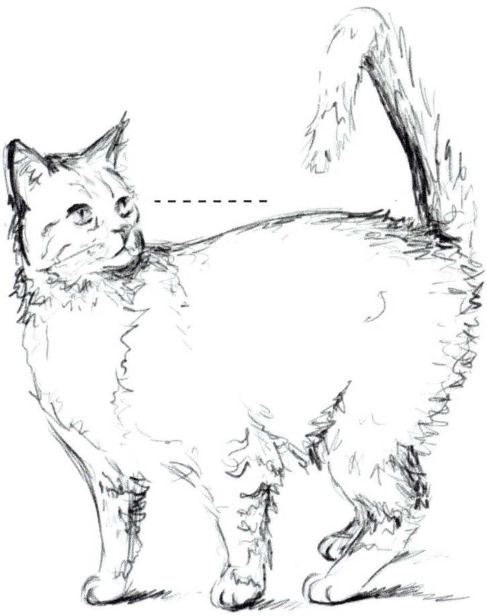

Bevor du ins Detail gehst und Schnauze, Fell und Pfoten zeichnest, versuche mithilfe der Grundformen und Leitlinien die Haltung der Katze zu erfassen.

Hunde

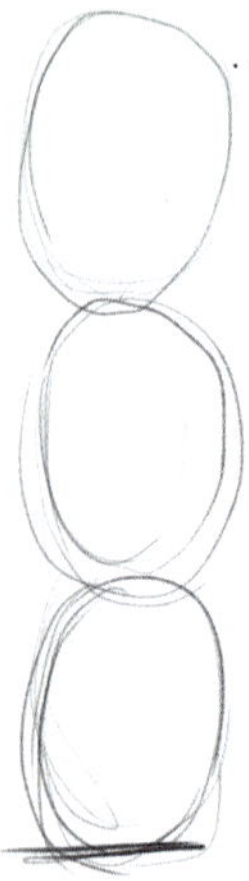

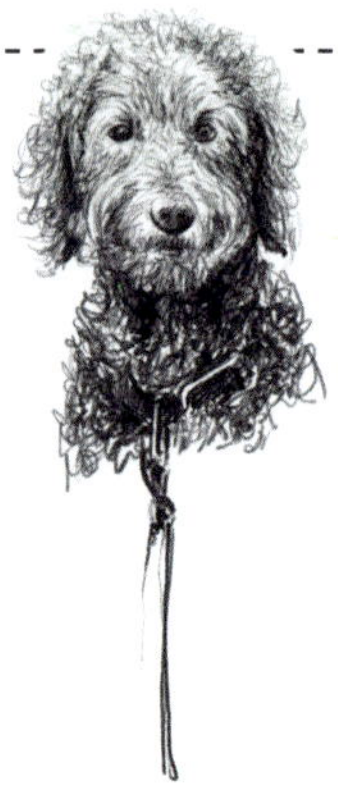

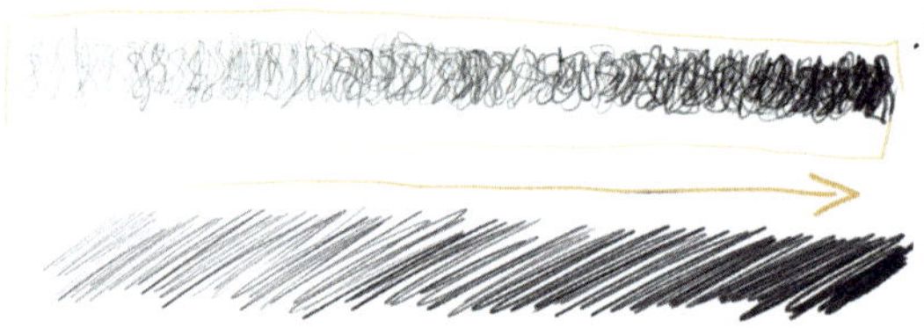

Lass für die Lebendigkeit im Auge immer einen kleinen Bereich weiß.

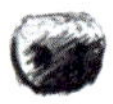

Ein wenig Schraffur bei der Nase unten gibt Aufschluss über den Lichteinfall von links oben.

Einfache Formen wie diese Ellipsen helfen, die Größe des Kopfes besser abzuschätzen.

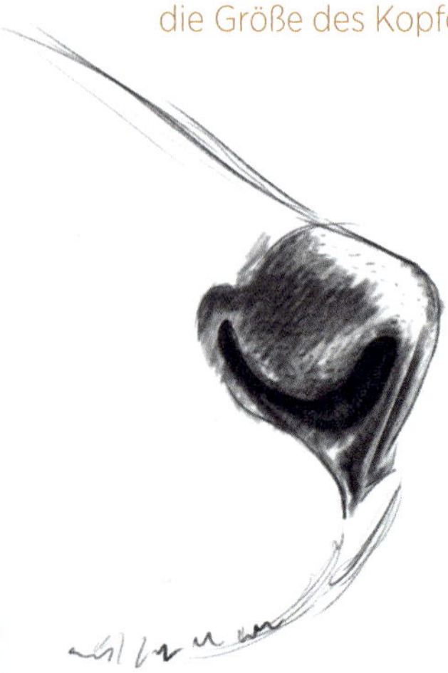

Textur:
Die raue Oberfläche der Nase lässt sich am besten im schattigeren Bereich ausdrücken.

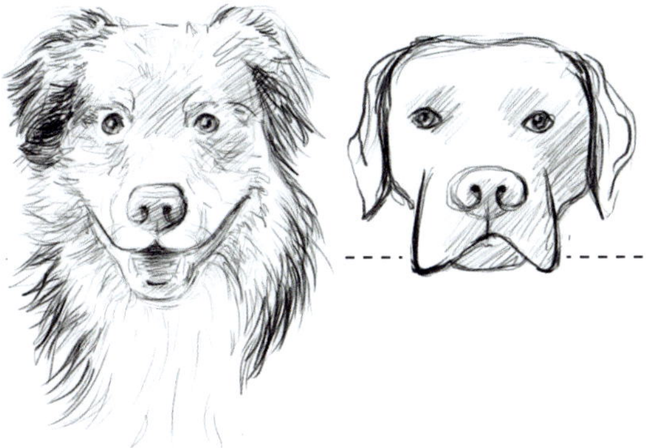

Auslaufend vs. klar: Hunderassen können mit unterschiedlichen Linienstilen betont werden.

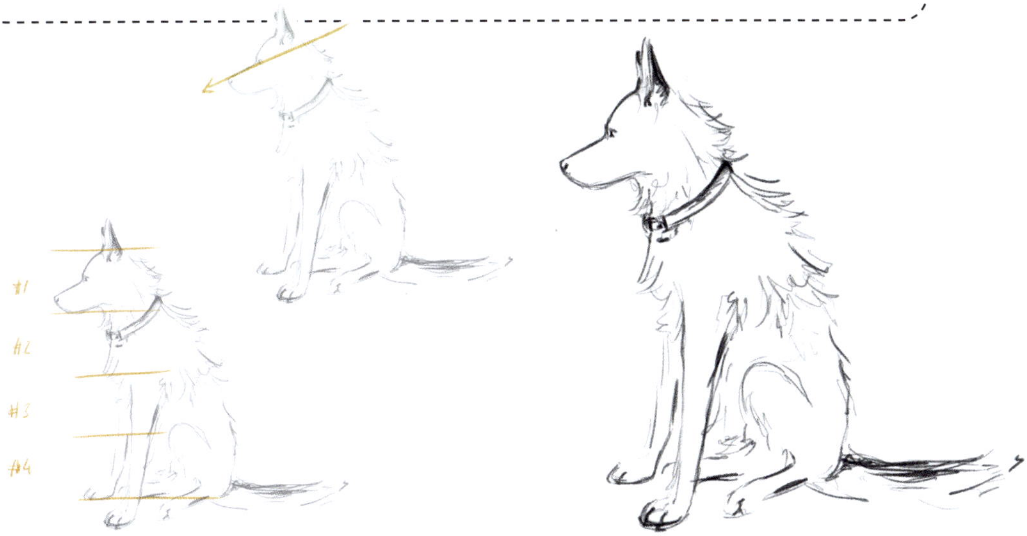

Es gibt so viele unterschiedliche Hunderassen. Es ergibt darum wenig Sinn, sich Proportionen einzuprägen wie beispielsweise beim menschlichen Körper. Es ist hier leichter, mit Körperteilen als Referenz zu arbeiten.

Beim Kopf zum Beispiel. Wie groß ist der Körper im Verhältnis zum Kopf? Wie lang ist der Schwanz im Vergleich zum Kopf? Anhand einer definierten Größe lassen sich so die Größen aller anderen Körperteile gut ableiten.

Aktionslinie

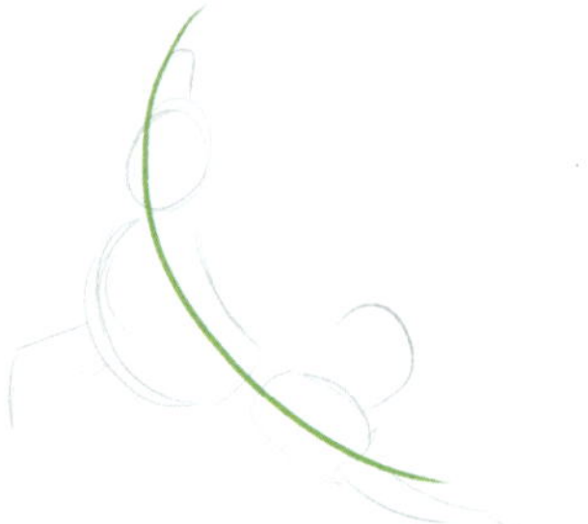

Eine Linie, die durch den gesamten Sketch leitet. Betrachte den Hund und leite mit einer einzigen Handbewegung den Schwung des Hundes ab.

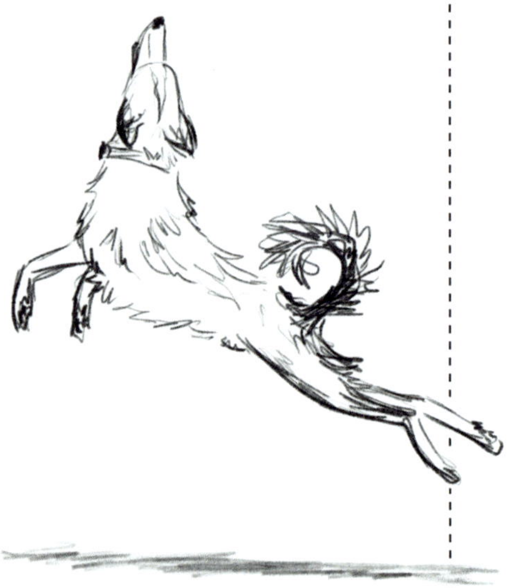

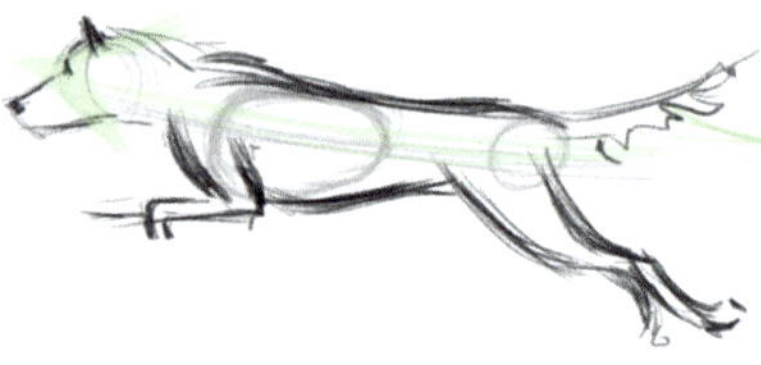

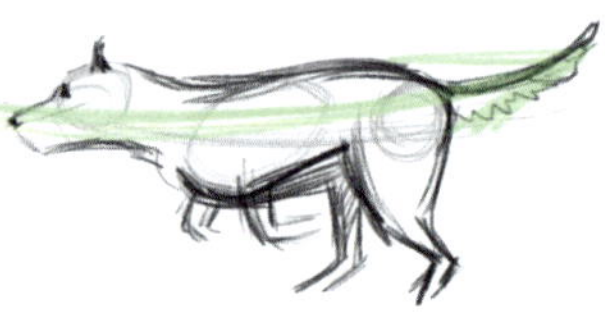

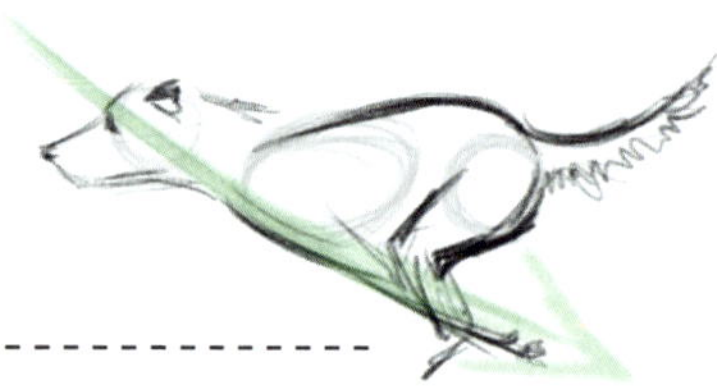

Vergiss die Details: Die Aktionslinie leitet uns durch den gesamten Sketch.

Übertreibe die Bewegung: Zeichne Kopf und Pfoten deutlich größer.

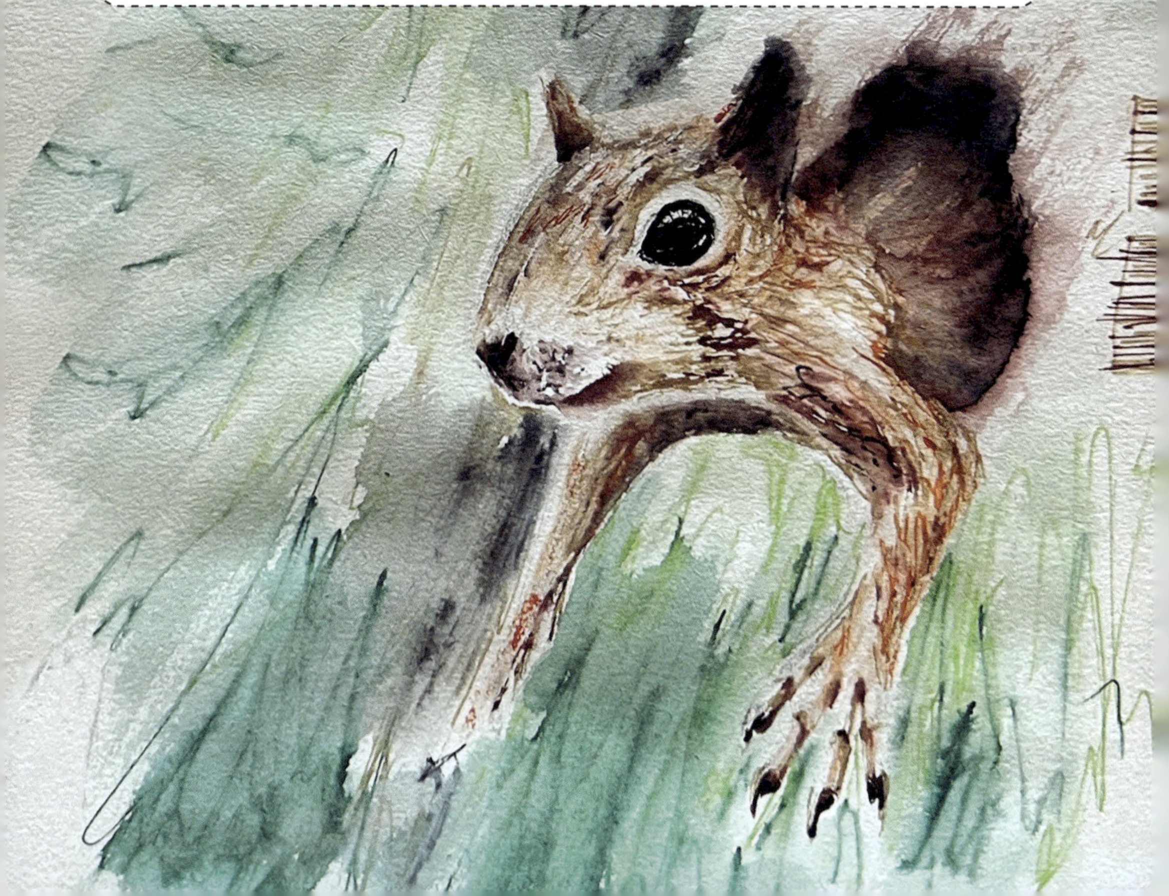

Urban Sketches

Meine Aufwärmmethode #1 beim Urban Sketching? Ein Oneliner! Gerade beim raschen Erfassen von Szenen in einer Stadt ist es hilfreich, wenn die Hand entspannt und aufgewärmt ist. Ein **Oneliner** hilft, die Linienstärken des Stiftes auszutesten und sich langsam an die Dreidimensionalität heranzutasten. Die Kuppel hier ist vom Hôtel national des Invalides, Paris.

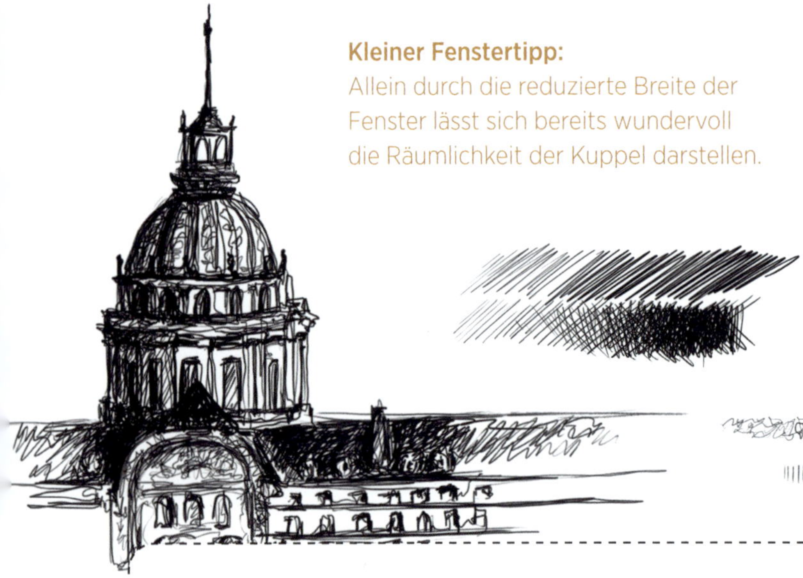

Kleiner Fenstertipp:
Allein durch die reduzierte Breite der Fenster lässt sich bereits wundervoll die Räumlichkeit der Kuppel darstellen.

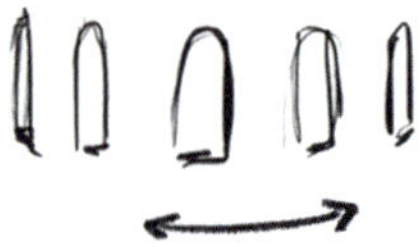

Tonwerte:
Denk an die vielen unterschiedlichen Techniken, um Kontraste bei den Tonwerten zu erreichen.

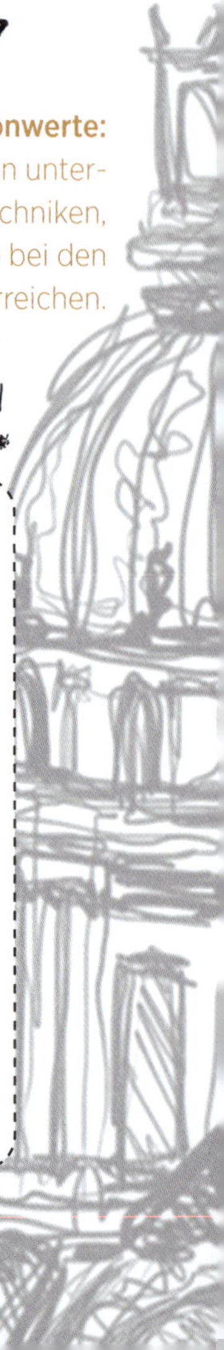

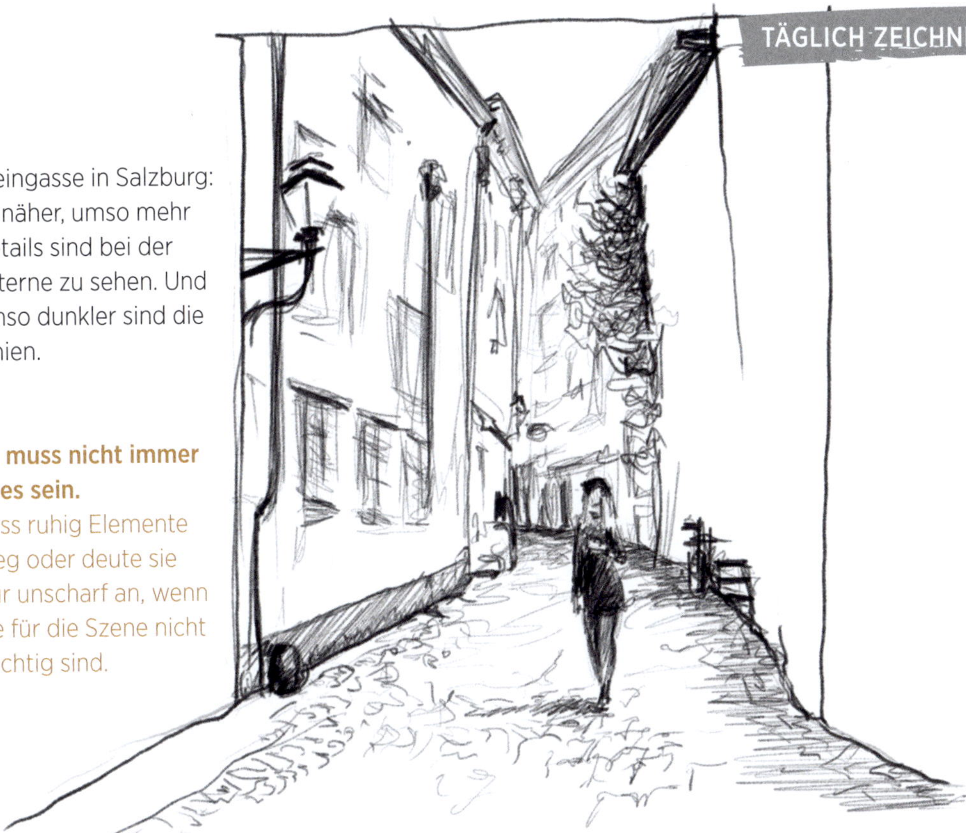

Steingasse in Salzburg: Je näher, umso mehr Details sind bei der Laterne zu sehen. Und umso dunkler sind die Linien.

Es muss nicht immer alles sein.
Lass ruhig Elemente weg oder deute sie nur unscharf an, wenn sie für die Szene nicht wichtig sind.

Deine Straßenszene

Stadtszenen und -details

#1 Struktur #2 Schattierung #3 Details

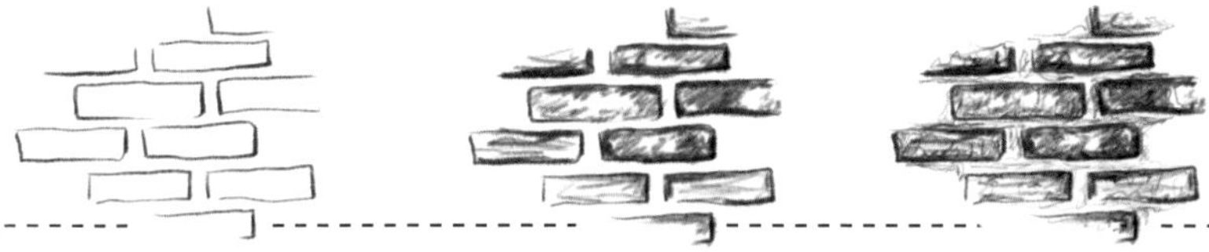

Zeichne nicht alles: Bei einer Ziegelwand reicht es vollkommen, wenn du nur einen Teil davon detailliert zeichnest. Und den Rest der Struktur nur andeutest und auslaufen lässt.

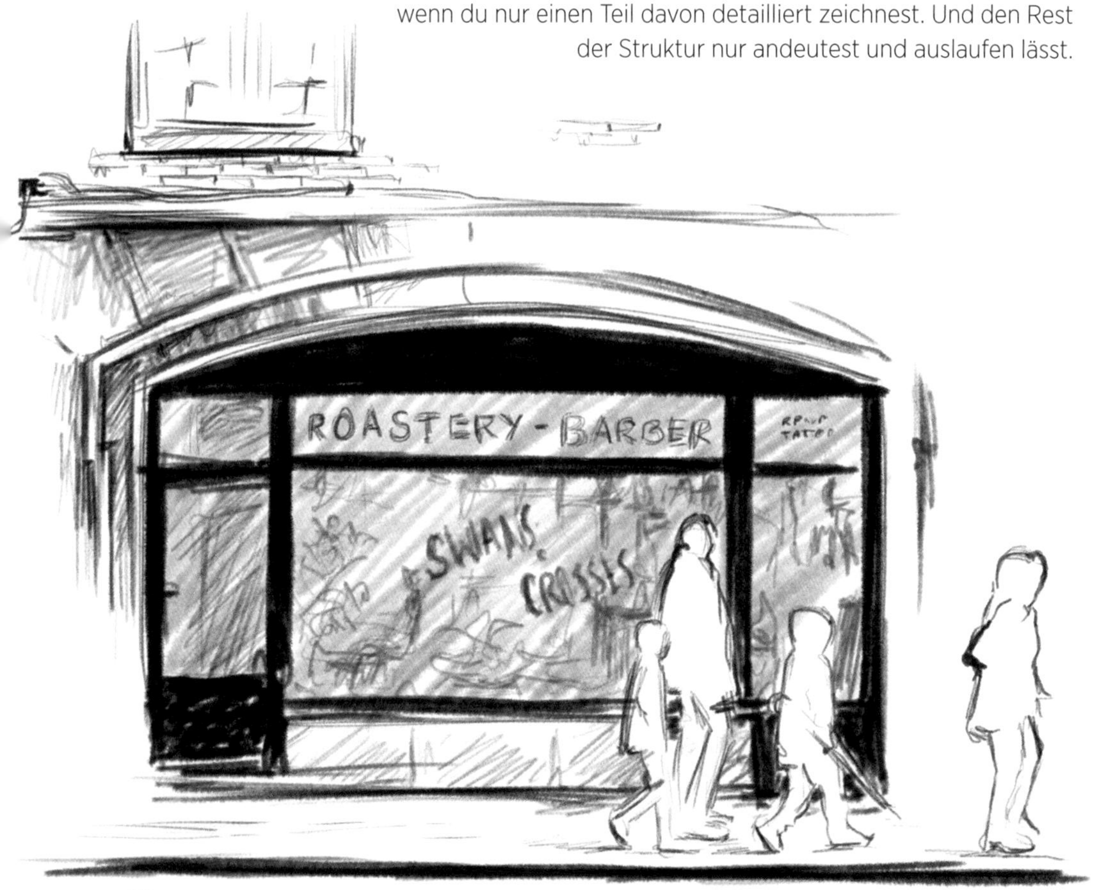

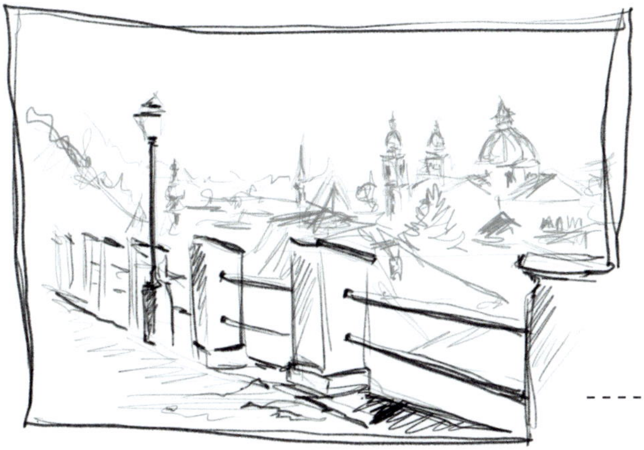

Tiefenwirkung:
vorne dunkel, hinten hell.

Grobe, angedeutete Konturen und unvollständige Gebäude verstärken den Eindruck, dass die Stadt weiter weg ist.

Zeichne nicht, was du siehst, sondern was du Lust hast zu zeichnen.
Selektiere.
Interpretiere.

Im Sketch sieht du den Blick vom Festungsberg auf die Stadt Salzburg.

Deine Stadtszenen

Hole uns ins Bild

Eine Zeichnung, die ausdrucksstark ist, ist herrlich. Aber noch viel genialer ist ein Sketch, der die Menschen ins Bild holt. Der eine Geschichte erzählt und uns fasziniert. Wohin möchtest du unsere Aufmerksamkeit mit der Zeichnung lenken?

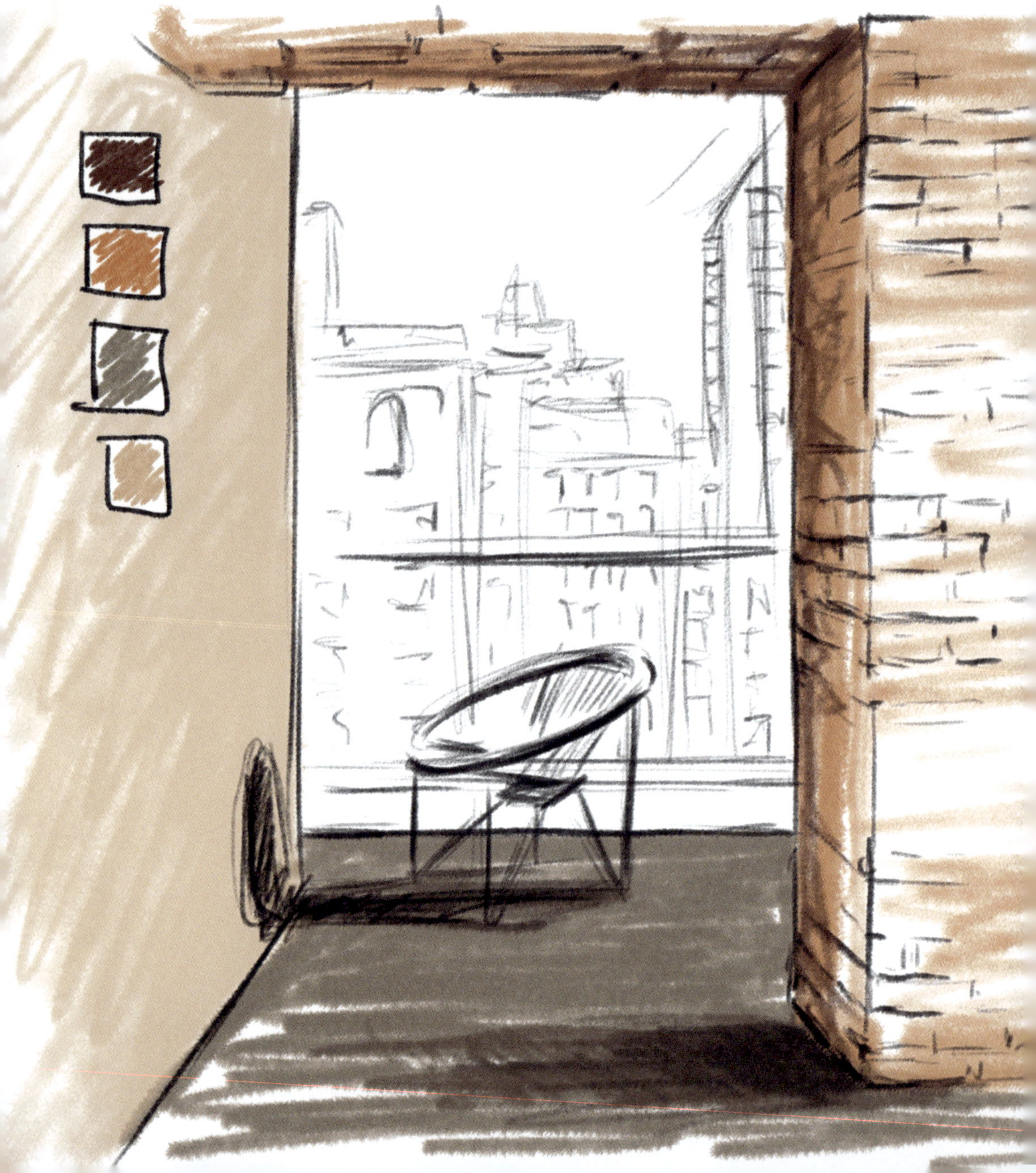

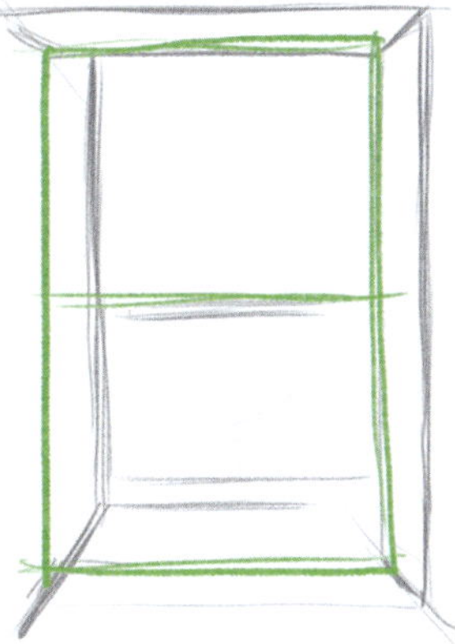

Komplexe Szenen beginnt man am besten ganz einfach. Welche grundlegende Aufteilung können wir hier anwenden? Wir könnten beispielsweise das Bild halbieren.

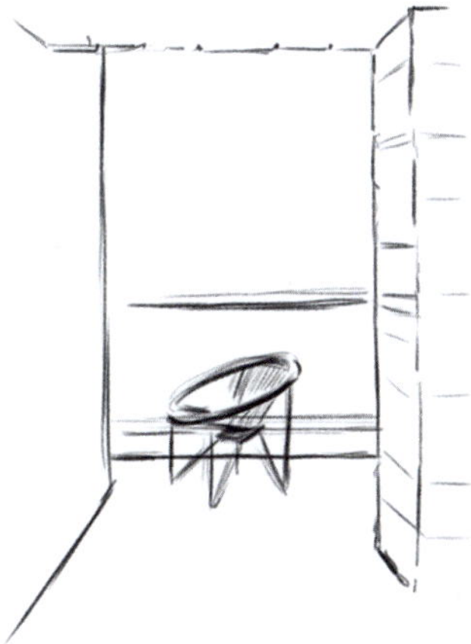

Lass dich dabei nicht von den vielen Ecken und Kanten irritieren, sondern hole dir Leitlinien, die unabhängig von der Tiefenwirkung sind.

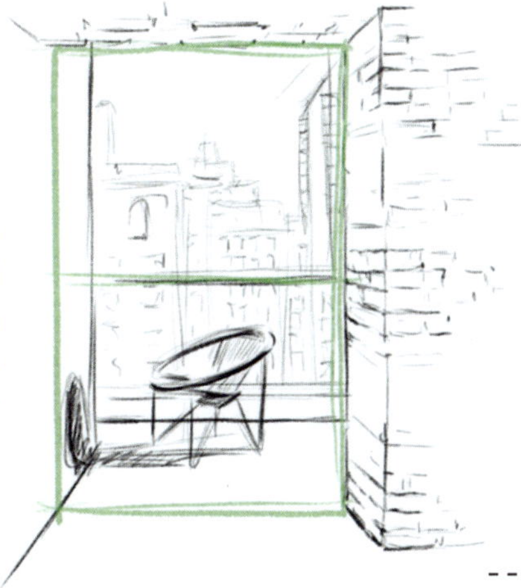

Deine Sketches

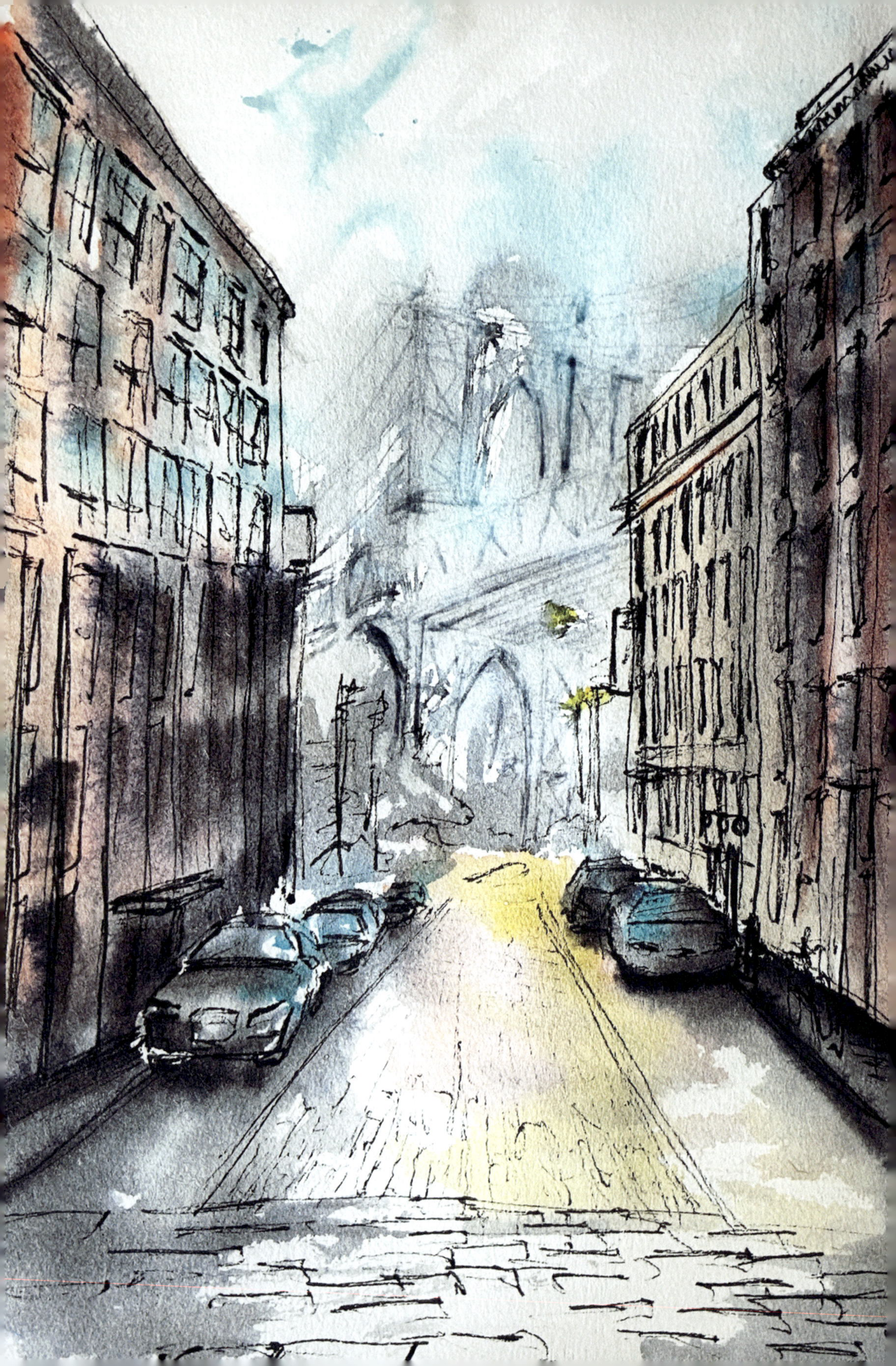

Schnelle Fenster zeichnen

Die vertikale Kante der Brücke leitet uns, die Linien führen zu den Fluchtpunkten links & rechts.

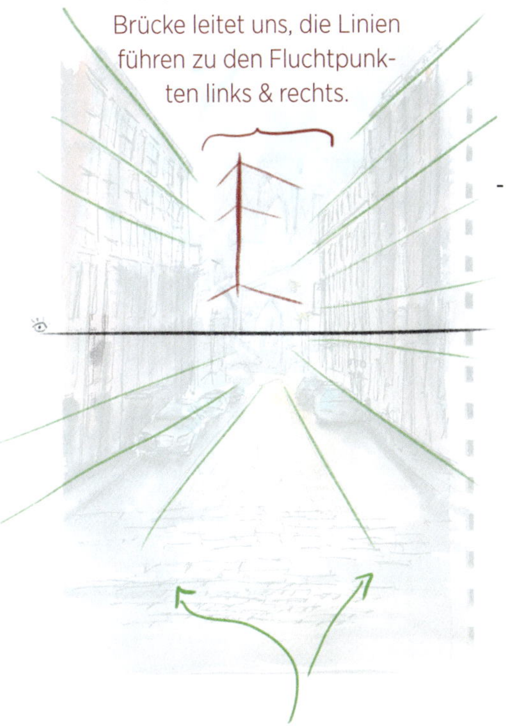

Hier haben wir den Effekt wie bei einer Allee, mit einem Fluchtpunkt, zu dem die Linien laufen.

Wichtiger als Details am Fenster ist deren Ausrichtung.

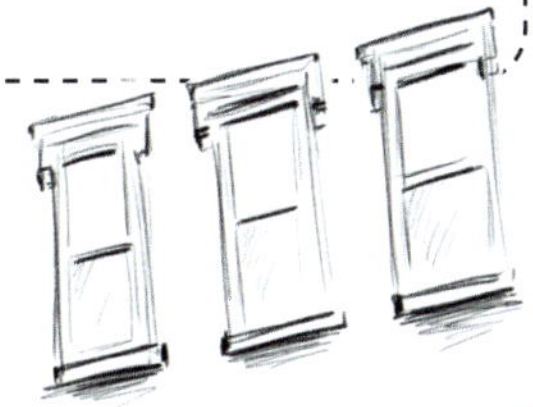

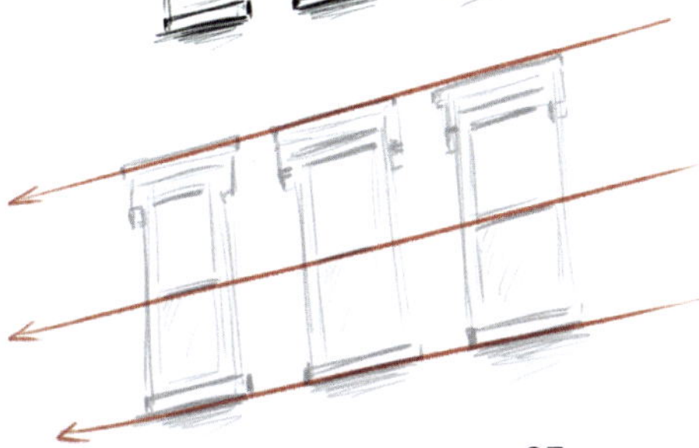

Autos mit wenigen Linien

Die Windschutzscheibe ist der Ausgangspunkt. Je nachdem, wie diese gedreht ist, wissen wir, ob das Auto direkt zu uns zeigt bzw. zu welcher Seite hin es gedreht ist. Die Scheinwerfer und die Reifen passen sich der Position der Windschutzscheibe an.

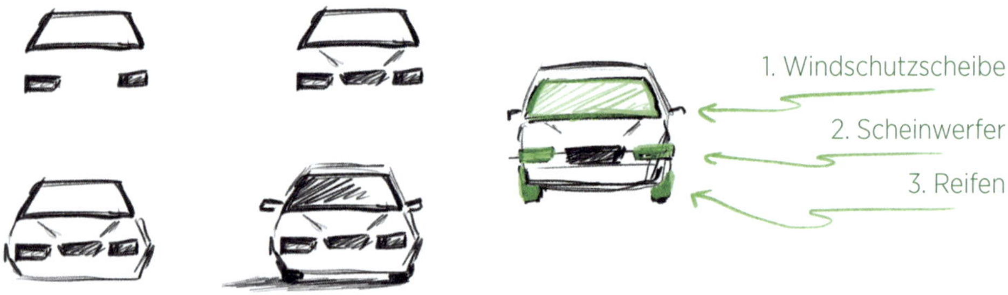

Feinheiten: Um unterschiedliche Autotypen darzustellen, kannst du die Höhe der Windschutzscheibe variieren oder die Kanten runder oder eckiger zeichnen. Und auch die Scheinwerfer leicht in der Form verändern.

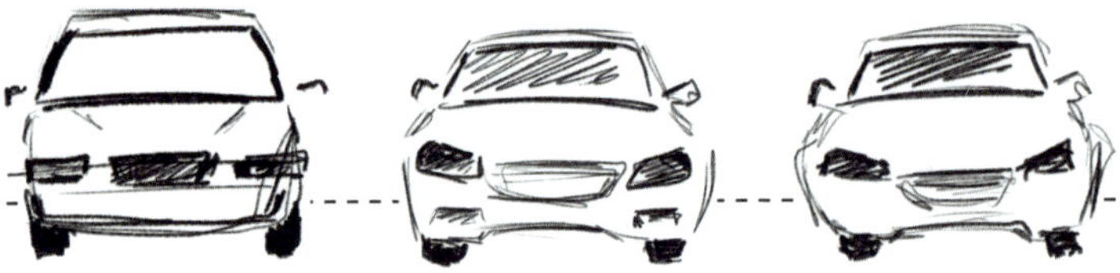

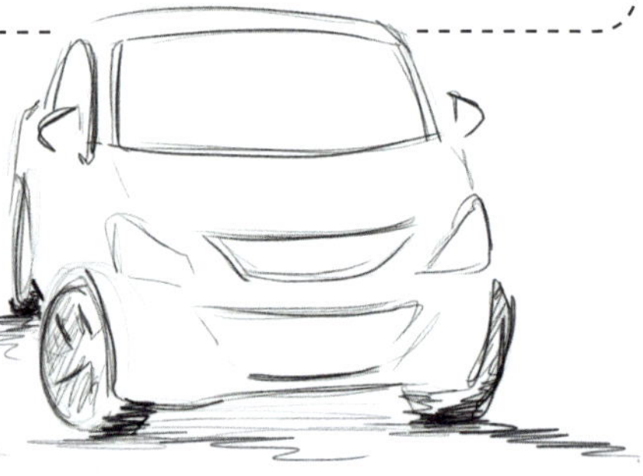

Folge der Form der Windschutzscheibe:

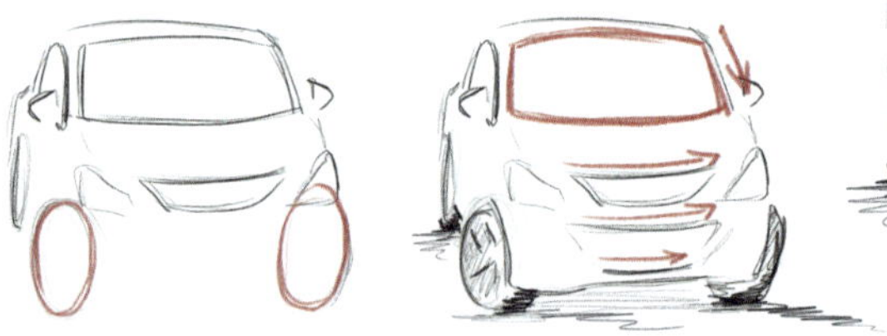

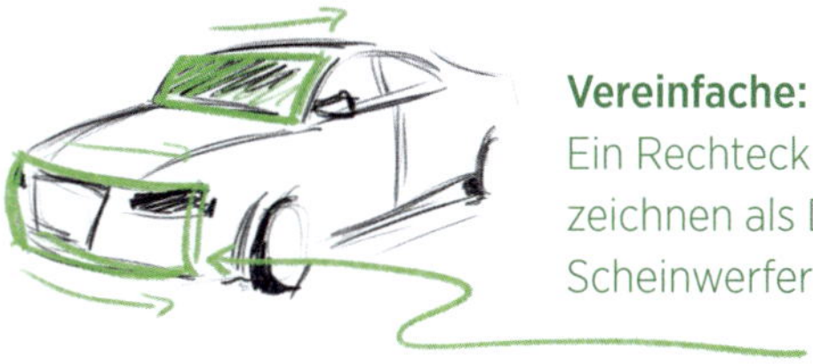

Vereinfache:
Ein Rechteck ist leichter zu zeichnen als Details wie Scheinwerfer und Kühlergrill.

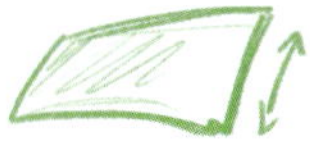

Übertreibe:
Zeichne die rechte Seite höher, um die Ansicht von der Seite hervorzuheben.

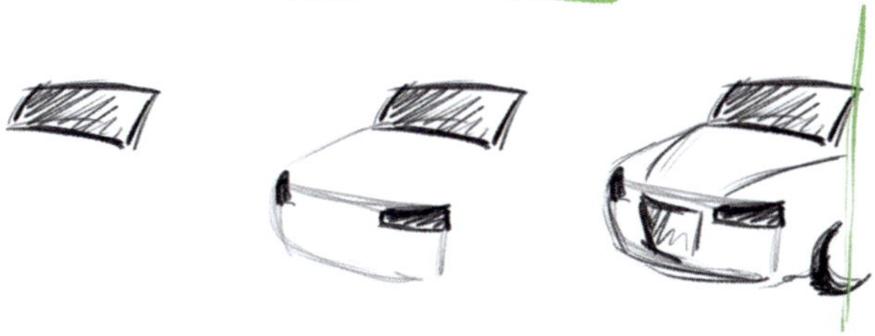

Vergleiche:
Wenn die Windschutzscheibe gezeichnet ist, kannst du die Position der Reifen damit vergleichen.

Beim Auto in Seitenansicht gibt die Windschutzscheibe den gesamten Aufbau und auch die Perspektive des Autos vor.

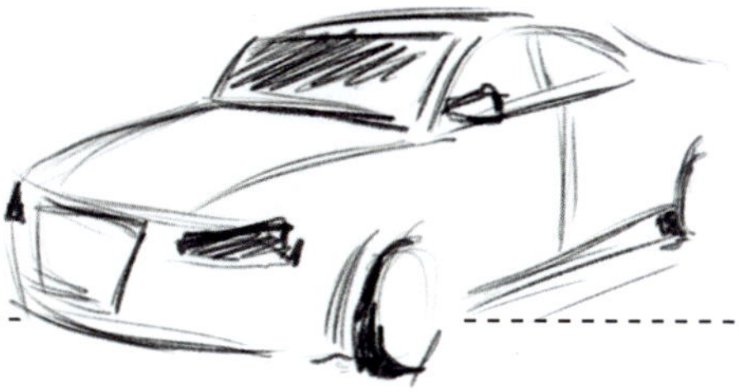

Deine Autos

Glänzend vs. matt

Mit einem einzigen Stift lässt sich ganz schön viel ausdrücken. Wenn du die Übergänge weich und fließend gestaltest, beispielsweise durch Schummern mit dem Bleistift, erscheint die Oberfläche matt. Sobald du abrupte Übergänge von hell auf dunkel erzeugst, bist du im glänzenden Bereich.

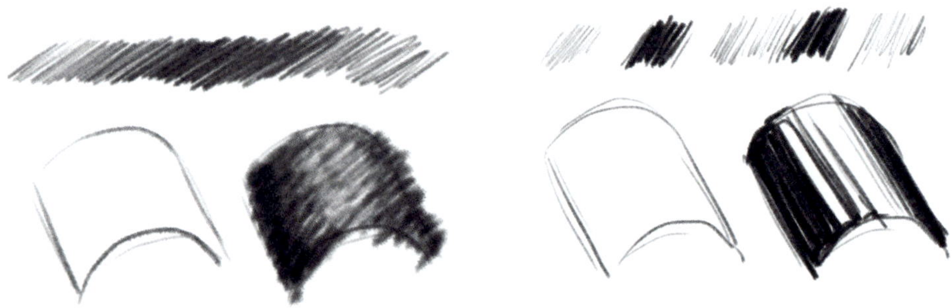

Lass uns nun die Autosketches gleich in einer Szene verarbeiten. Unterschiedliche Autotypen, ein bisschen Farbe – und alles nur ganz grob angedeutet. Widerstehe der Versuchung, dich im Detail zu verlieren.

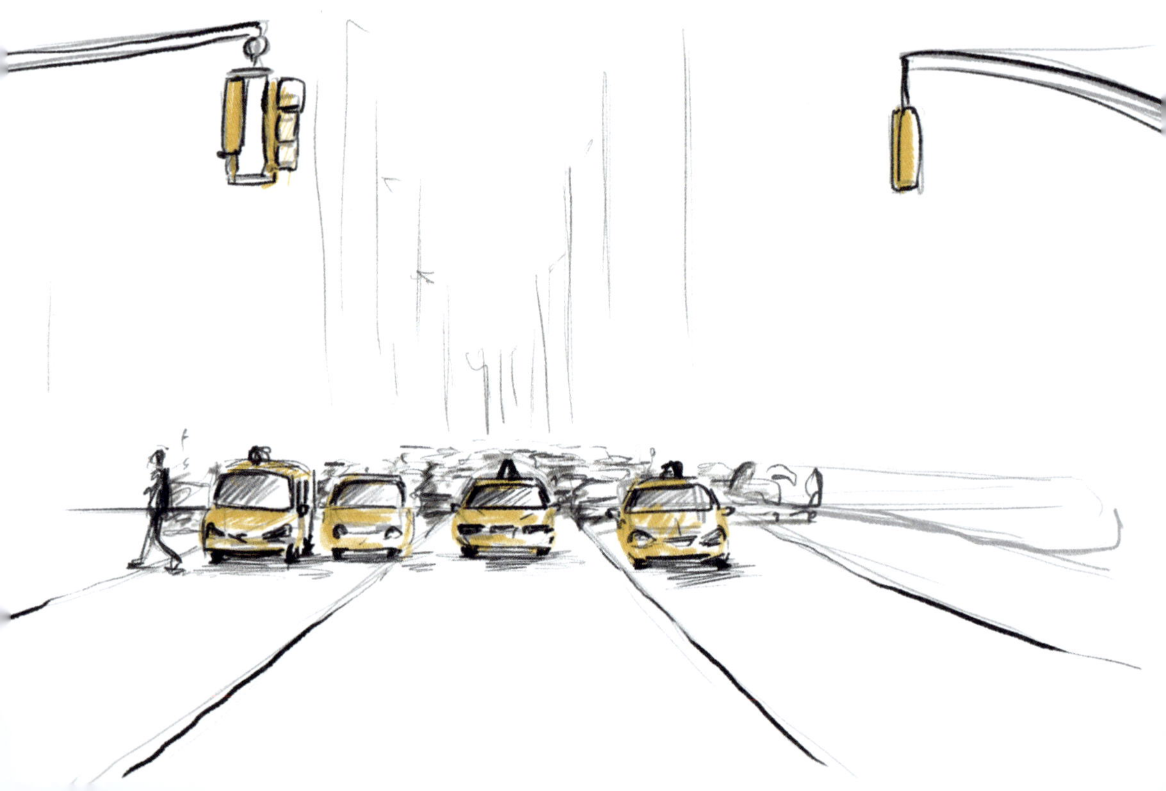

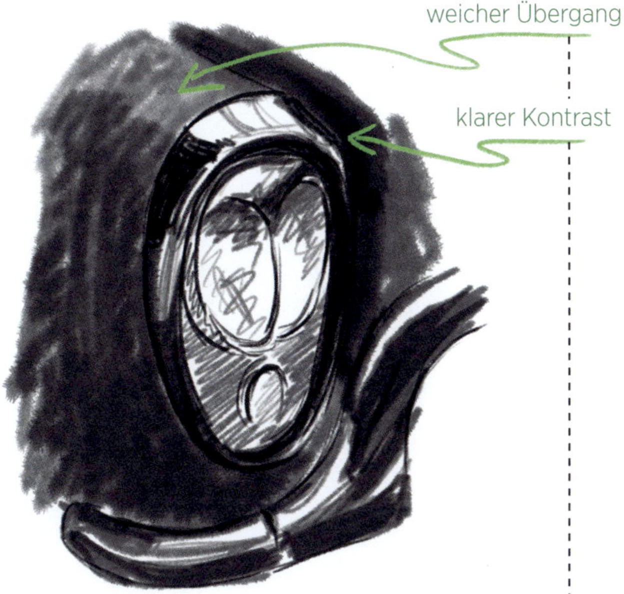

Deine Sketches

Kombiniere

Kombiniere, wie du willst. Urban Sketches müssen nicht immer genauso aussehen wie die Szene vor deinen Augen. Stell dir die Szenen genauso zusammen, wie du sie gerne möchtest. Wenn du die Straße beispielsweise mit Blick aus einem Auto zeichnest, bringt es uns noch stärker ins Bild.

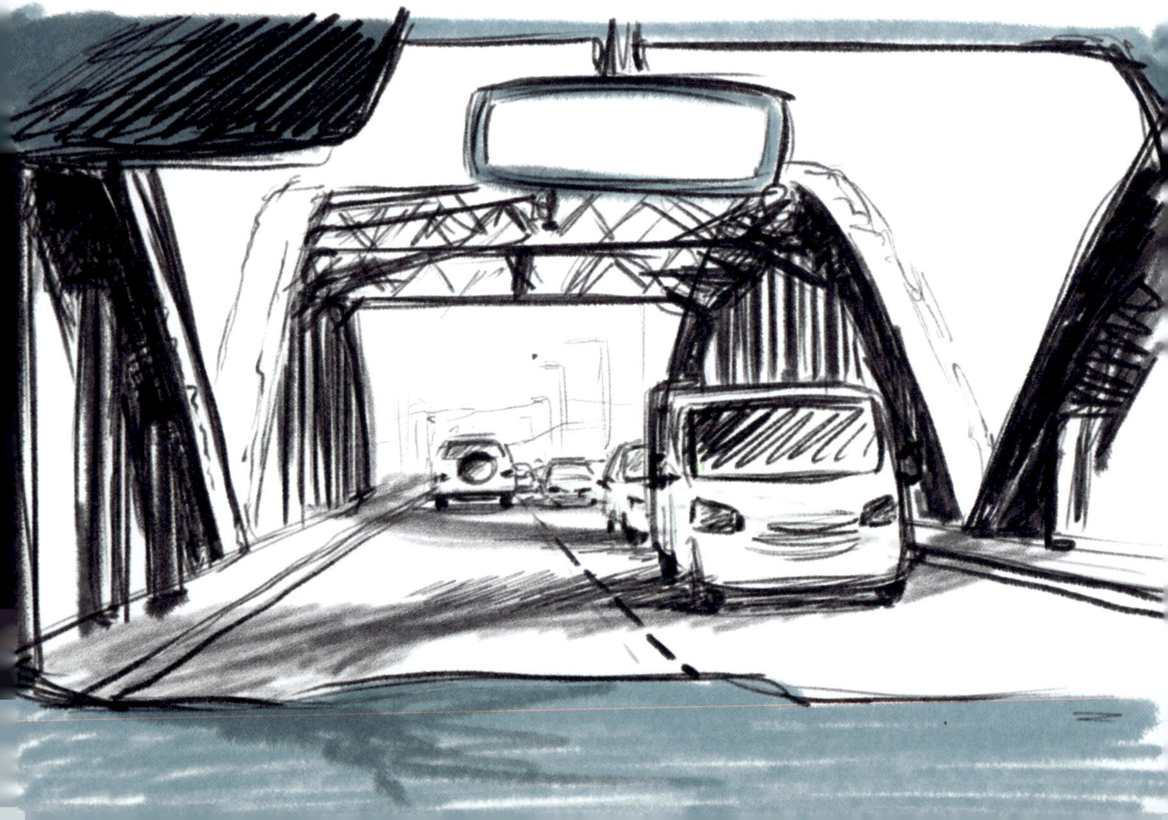

Oder hier habe ich einen spanischen Fensterbogen, der mir vom Stil sehr gefällt, mit dem groben Sketch einer Statue der Pont Alexandre III. von Paris kombiniert, dahinter ist das Hôtel national des Invalides sichtbar.

Es ist dein Sketchbook! Zeichne das, auf das du Lust hast!

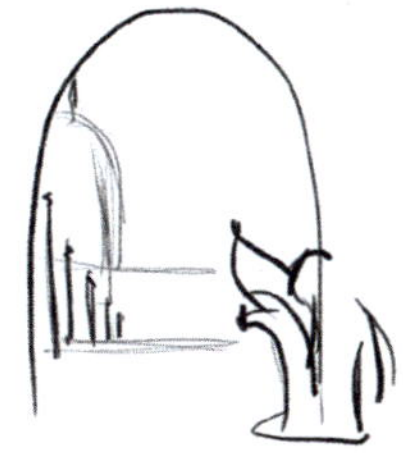

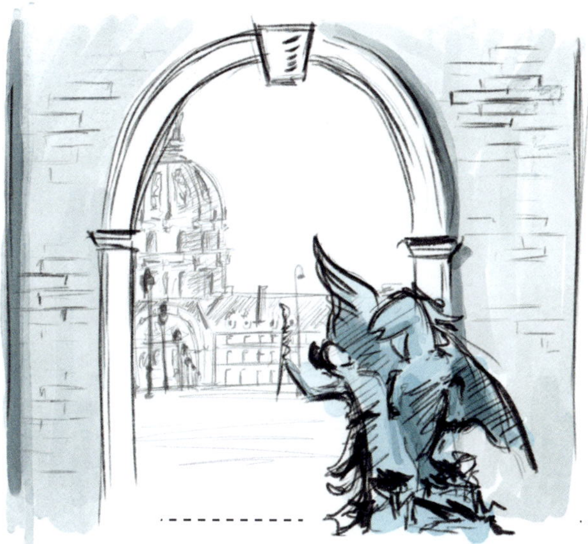

Thumbnail-Sketches helfen dabei, ein Gefühl für die Komposition zu bekommen. Dies sind kleine Zeichnungen von ein paar Zentimetern, die die Struktur einer Szene grob erfassen.

Wie kann ich eine Szene spannend zeichnen und eine Geschichte erzählen?

Körperlinien

Eine einzige Linie definiert die gesamte Körperhaltung. Beginne die Figuren mit wenigen Linien und füge mehr und mehr Volumen im 2. Schritt dazu.

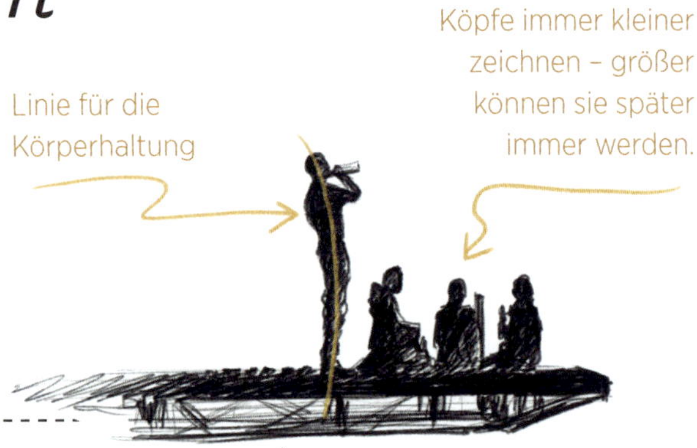

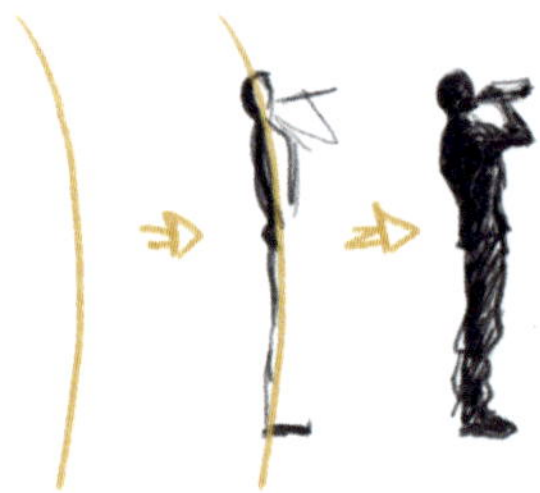

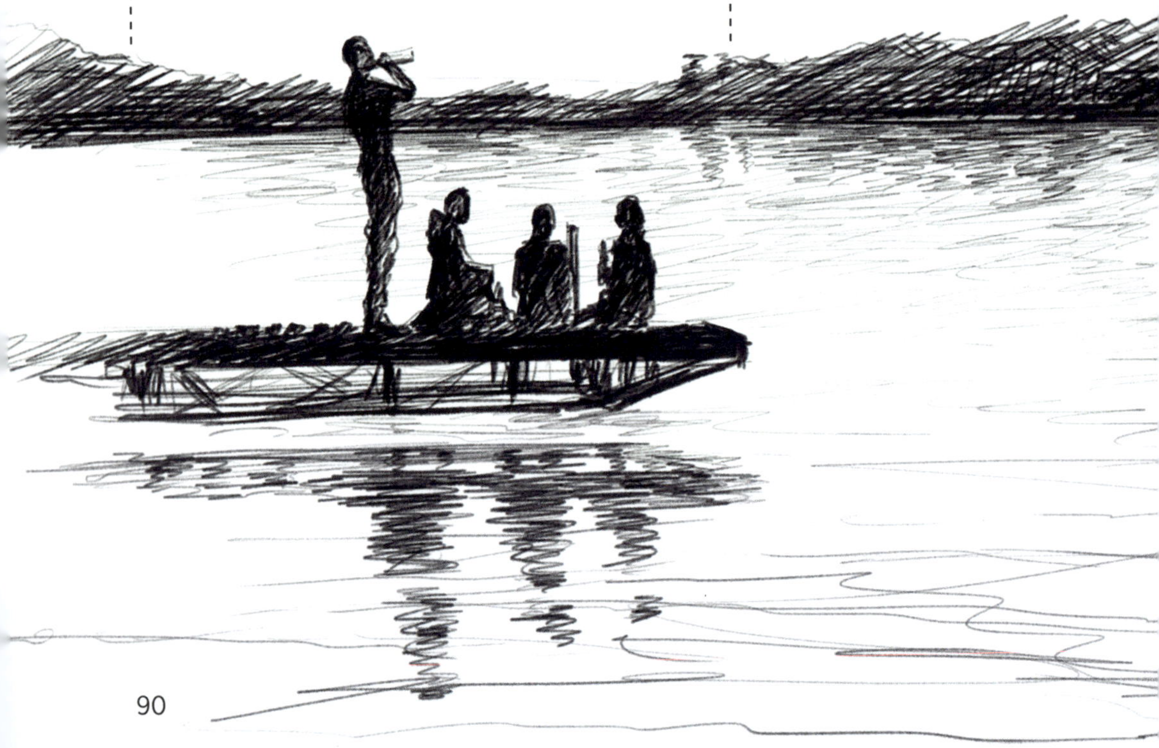

Aktionslinie:
Diese Linie erfasst die Körperspannung.

Beginne mit dieser Linie, bevor du den Körper zeichnest.

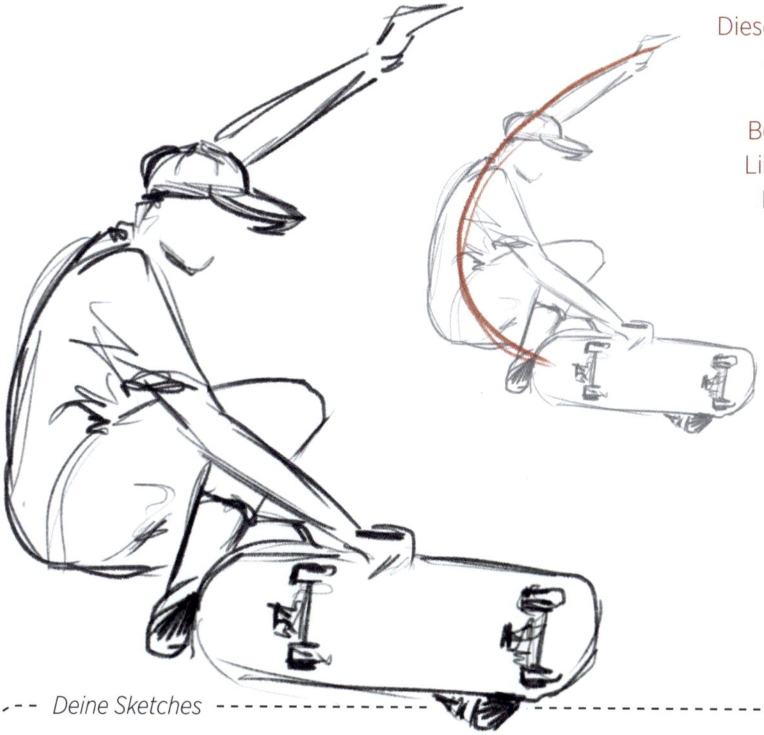

Deine Sketches

Menschen in Bewegung

Bei schnellen Zeichnungen von Menschen ist die Hauptgefahr, dass wir lauter gleich wirkende Strichmännchen zeichnen. Um das zu vermeiden, gibt es eine hilfreiche, leicht umsetzbare Strategie: **Pseudodetails** (ein frei von mir erfundenes Wort). Dies sind spontane Details, die eine Figur anders machen als die anderen und eine Geschichte erzählen – ohne dass wir deshalb die gesamte Figur detailliert zeichnen müssen. Sondern nur ein paar Details. Eine Figur erhält dadurch so viel mehr Individualität.

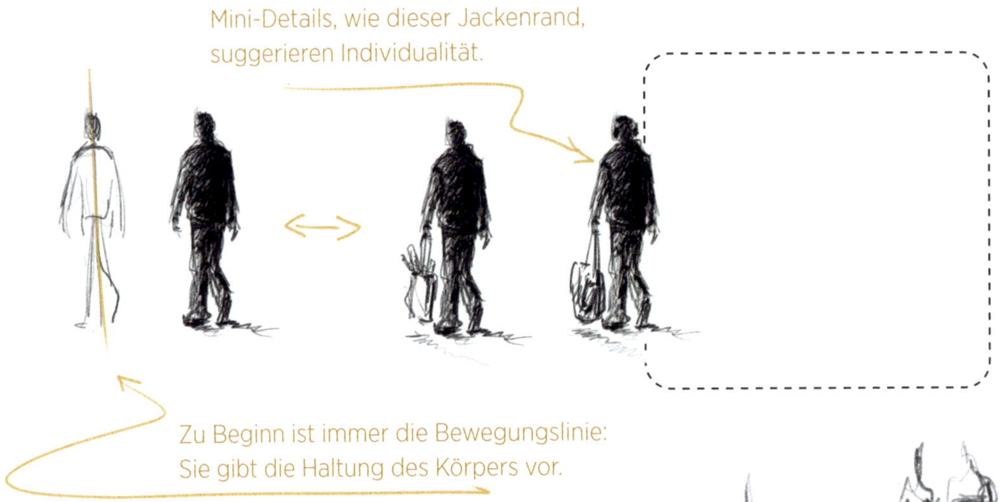

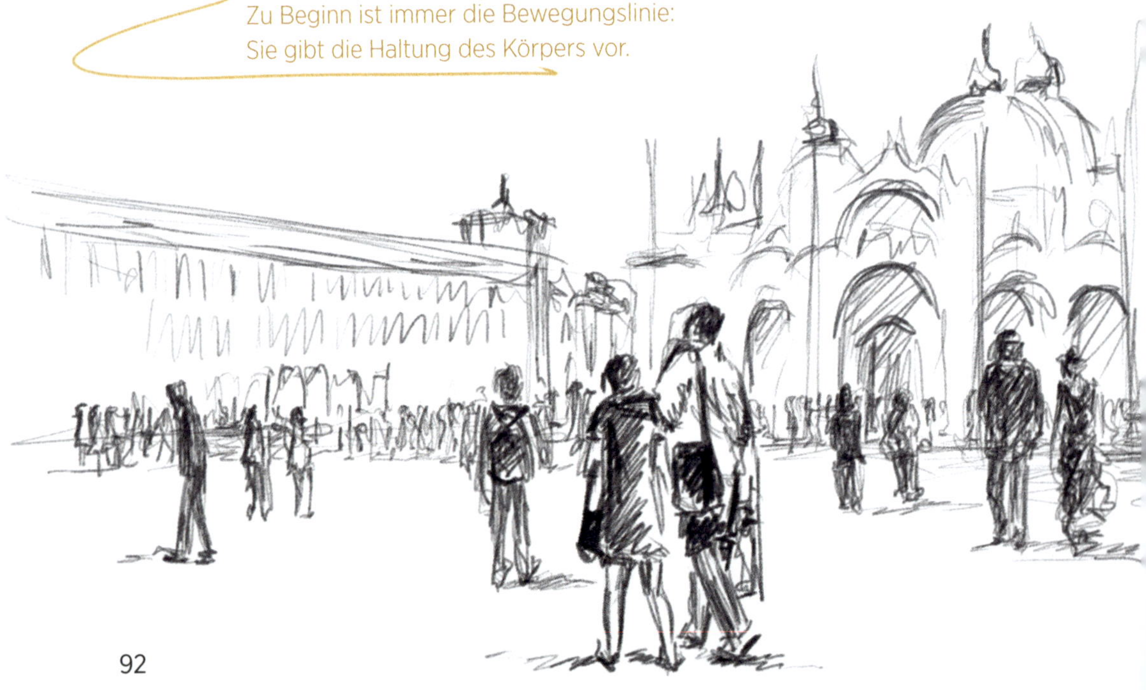

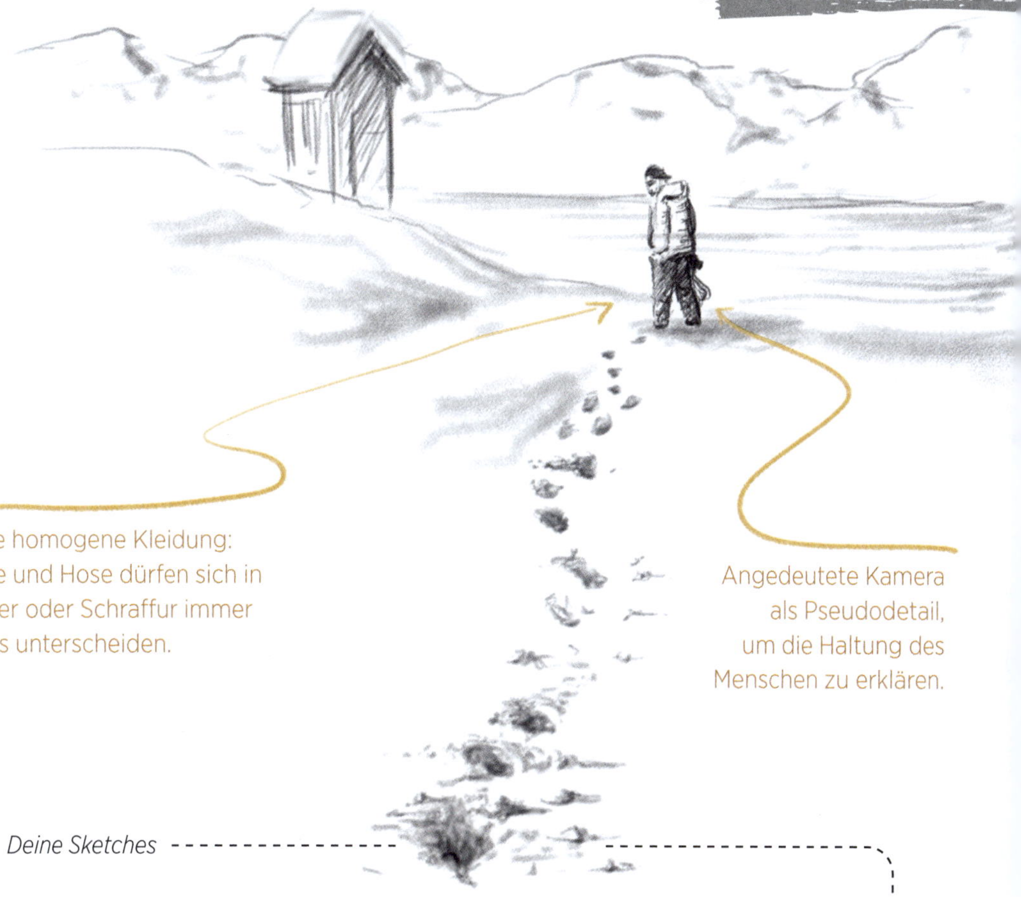

Keine homogene Kleidung: Jacke und Hose dürfen sich in Muster oder Schraffur immer etwas unterscheiden.

Angedeutete Kamera als Pseudodetail, um die Haltung des Menschen zu erklären.

Deine Sketches

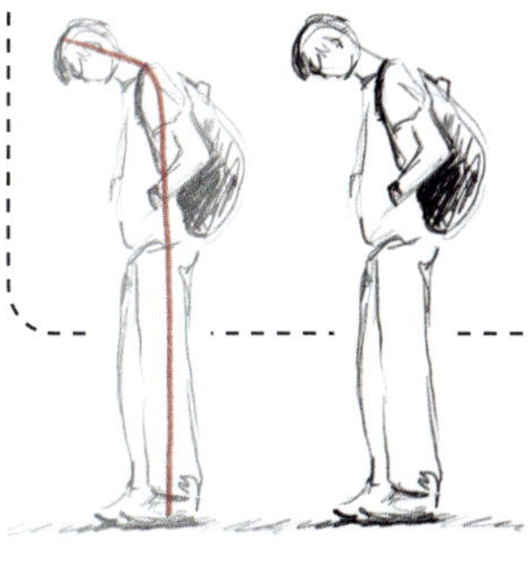

Eine einzige Linie definiert die gesamte Körperhaltung.

Augenbrauen: der Schlüssel zum Portrait

Es gibt unzählige Methoden, um menschliche Gesichter zu zeichnen. Methoden, bei denen man schon fast einen Taschenrechner braucht, um die Viertel und Achtel im Griff zu haben. Aber auch beim Porträt gilt:
Je einfacher, desto besser.
Meine Hauptwerkzeuge sind daher 2 Punkte:

- die Drittel-Methode &
- die Augenbrauen.

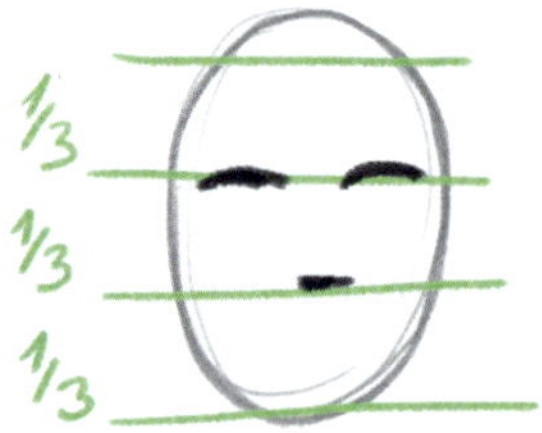

Ein kleiner Beweis: Selbst wenn wir nur die Augenbrauen sehen, wissen wir bereits, in welche Richtung sich das Gesicht dreht:

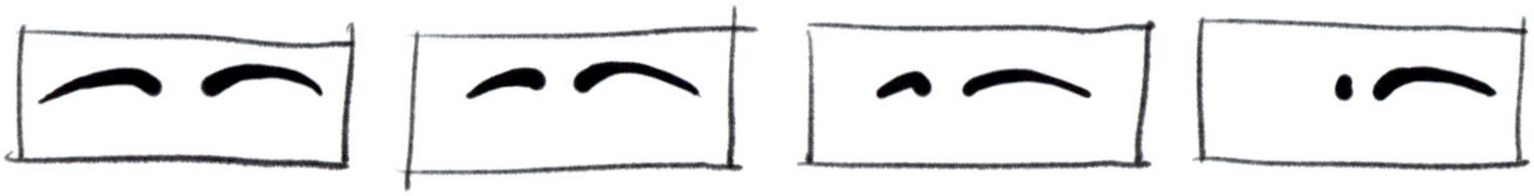

Die Position der Augen leitet sich von den Augenbrauen ab. Sie gibt uns auch hilfreiche Informationen, wie wir die Nase zeichnen können und wie groß die Augen sind.

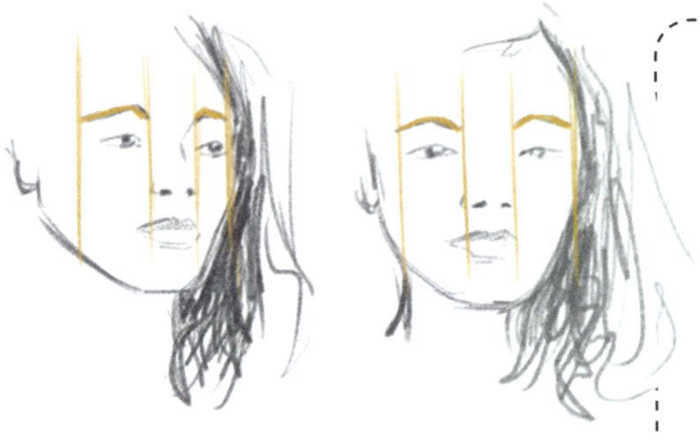

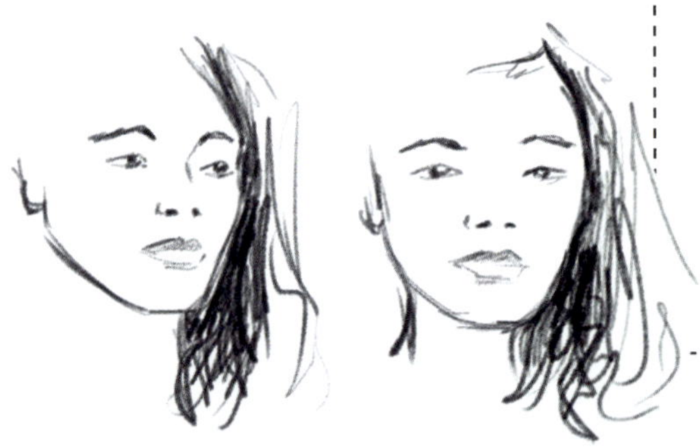

Vorsicht beim Profil-Zeichnen:

- Die Augen immer kleiner zeichnen als geplant: Seitlich sind diese weit weniger präsent als in der Frontalansicht.

- Zeichne die Lippen nicht zu flach, sondern mit einer leichten Wölbung nach vorne.

- Der Hinterkopf wirkt im Profil sehr dominant – und ist es auch.

  Zeichne ihn nicht zu flach oder zu klein.

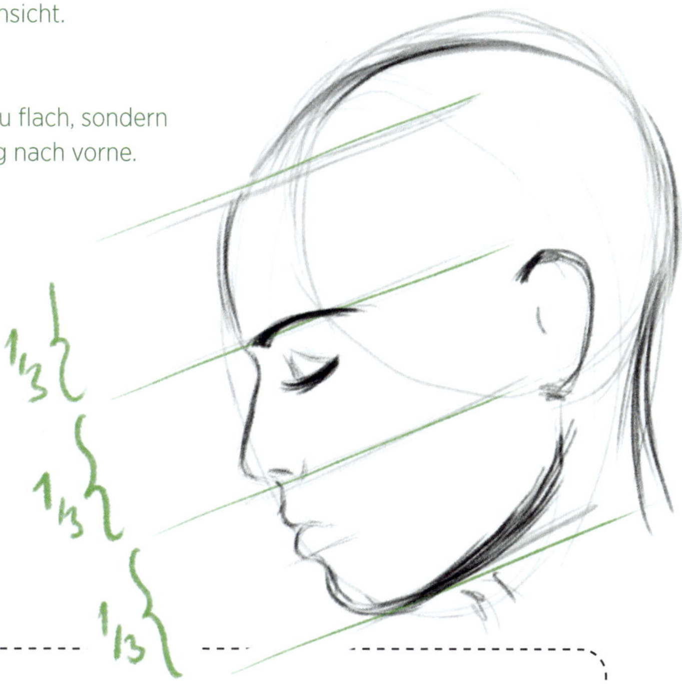

Deine Sketches

Ich zeig es hier noch mal ein bisschen genauer:

Zeichne nicht alles

Porträtzeichnungen müssen nicht immer zeitaufwendig sein. Fokussiere dich auf die wesentlichen Charakteristiken. Was macht das Gesicht aus? Eine etwas längere Nase? Auffällige Lippen? Oder besonders lange Haare? Nimm diese Charakteristiken und überzeichne sie. Übertreibe. **Eine perfekte Übung sind hier Oneliner:** Du bleibst mit dem Stift am Papier und zeichnest markante Gesichtsbereiche immer und immer wieder.

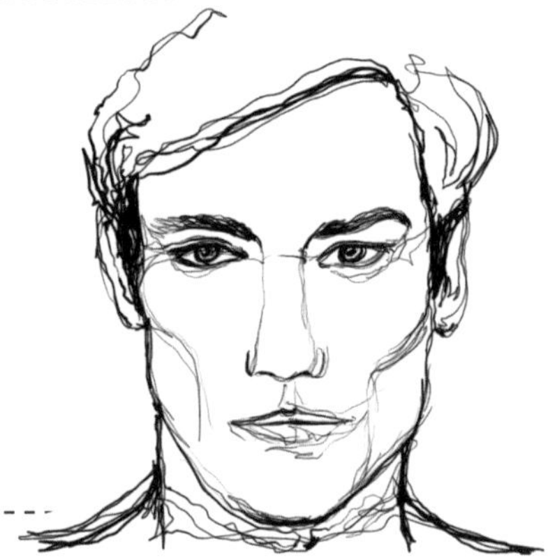

Variiere den Bleistiftdruck, um so mehr Dynamik in den Sketch zu bekommen. Bei schattigeren Bereichen kannst du ruhig 3- oder 4-mal ähnliche Linien ziehen.

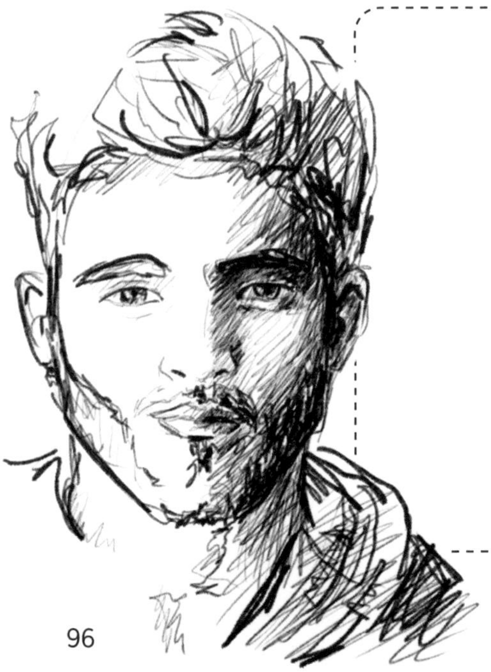

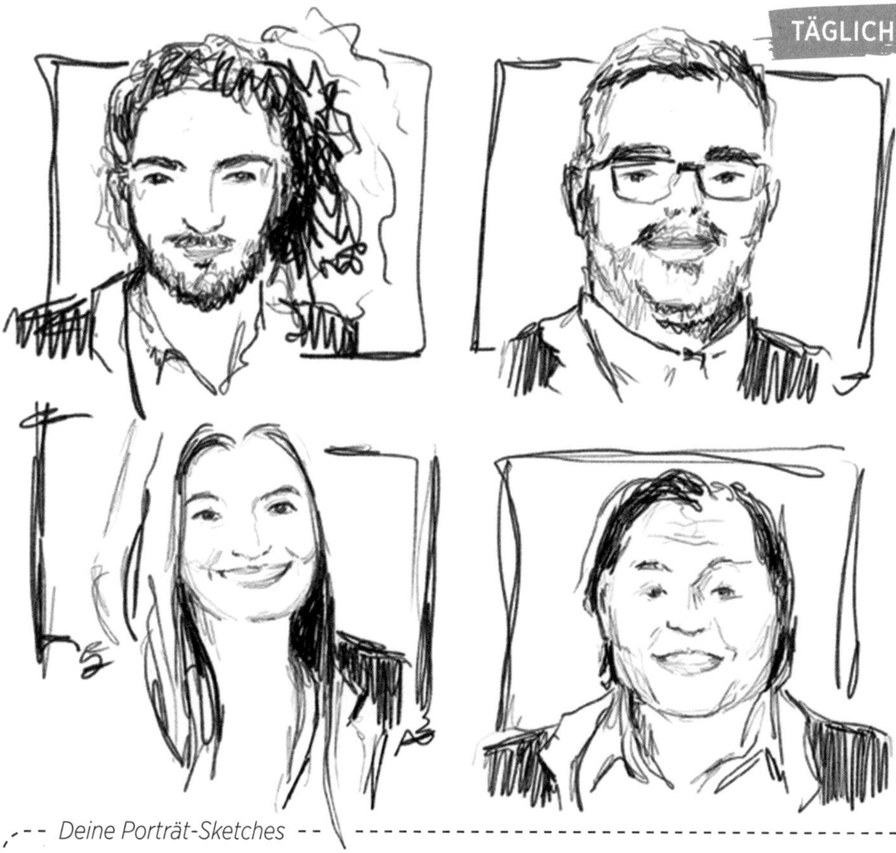

Deine Porträt-Sketches

Ein Trapez für alle Nasen

Deine Sketches

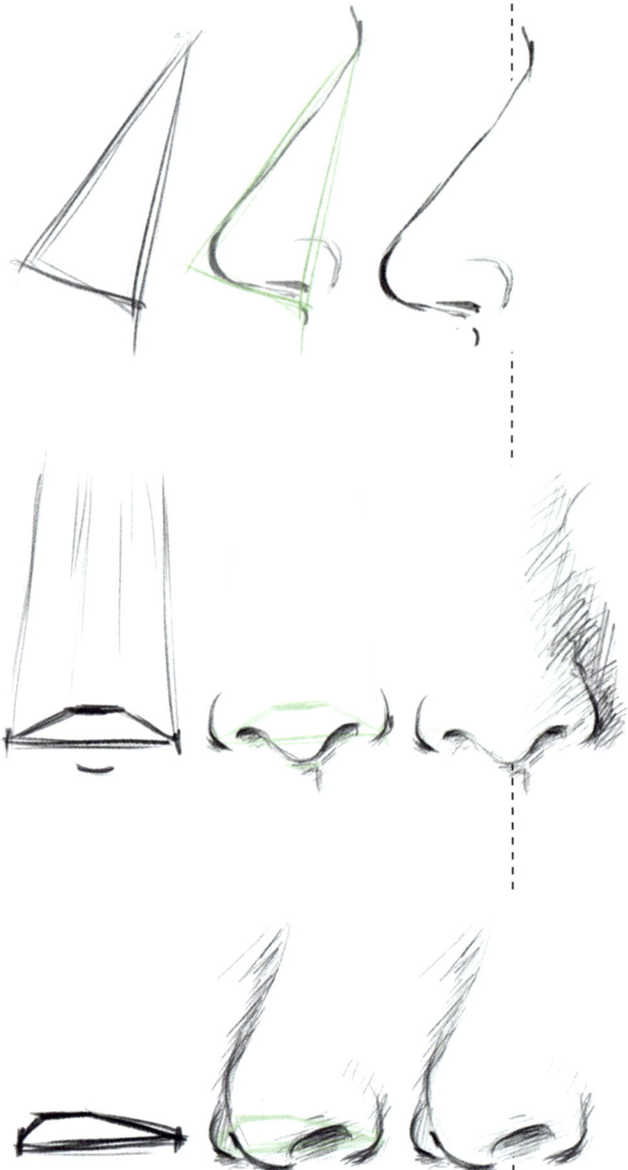

Trapez:
Der untere Bereich der Nase (mit Nasenlöchern und -flügeln) lässt sich wunderbar mit einem Trapez erfassen.

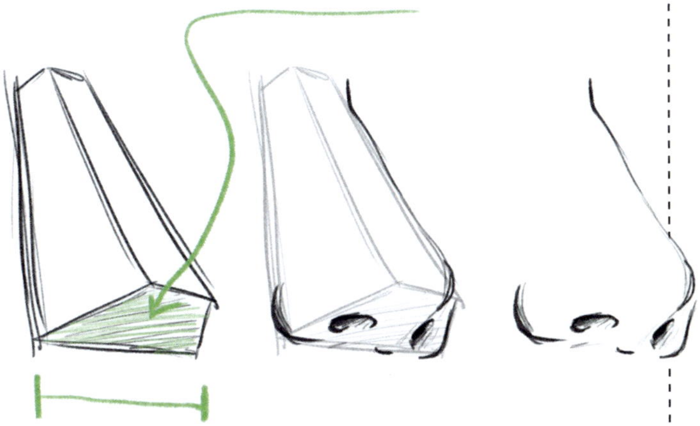

Nasenbreite:
Die Breite des Trapezes definiert den Platz für die Nasenflügel.

Deine Sketches

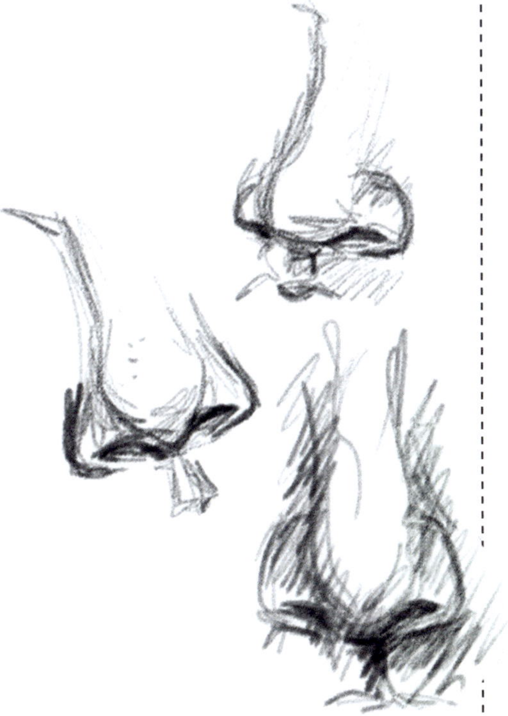

Entspannte Nasensketches, um immer besser ein Gefühl für Aufbau und Perspektiven zu bekommen.

Augen

Führungswimpern:
Diese Wimpern legen die Richtung der einzelnen Wimpernbögen fest: stark gebogen im Außenbereich, fast gerade im mittleren Lidbereich.

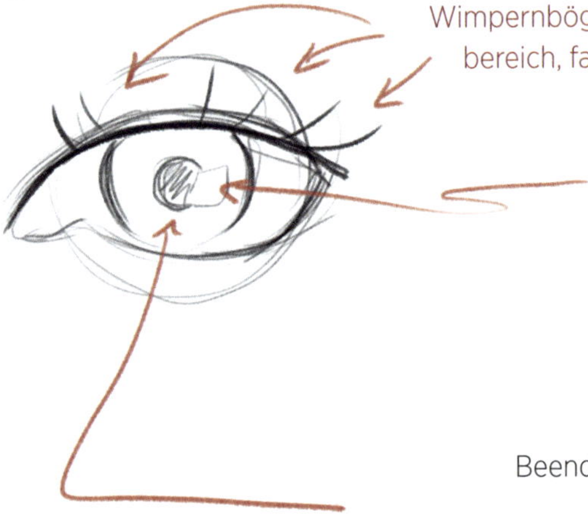

Lichtreflexion

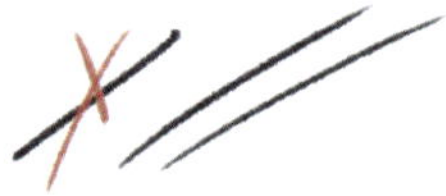

Beende die Linien nicht abrupt, sondern lass die Wimpern leicht auslaufen.

Die Iris ist meist von den Augenlidern leicht bedeckt.

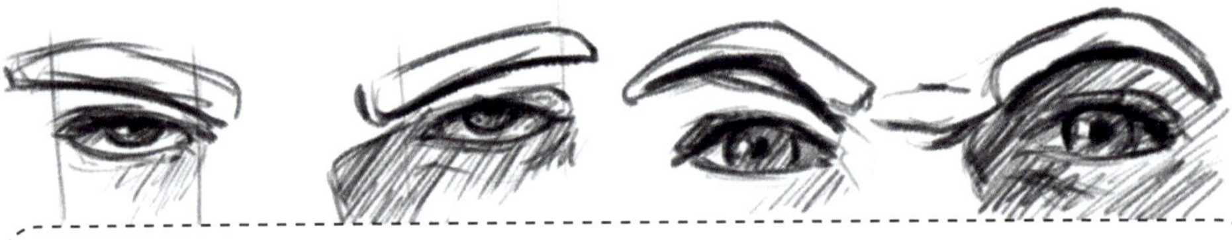

Die Iris ist unter dem Augenlid dunkler, weil das Lid einen Schatten wirft. Oft ist auch der Schatten der Wimpern sichtbar.

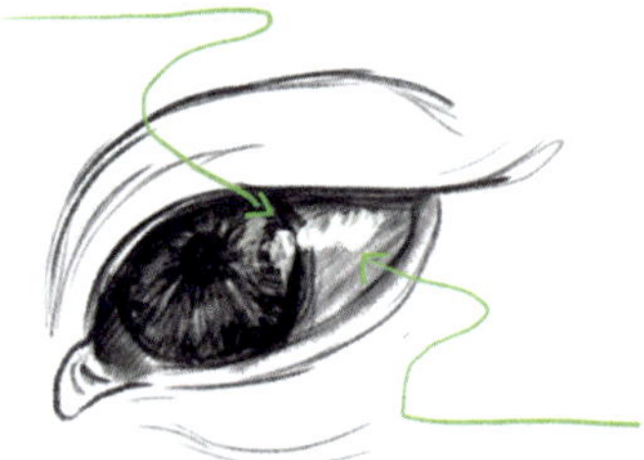

Die Lichtreflexion hat keine Umrandung.

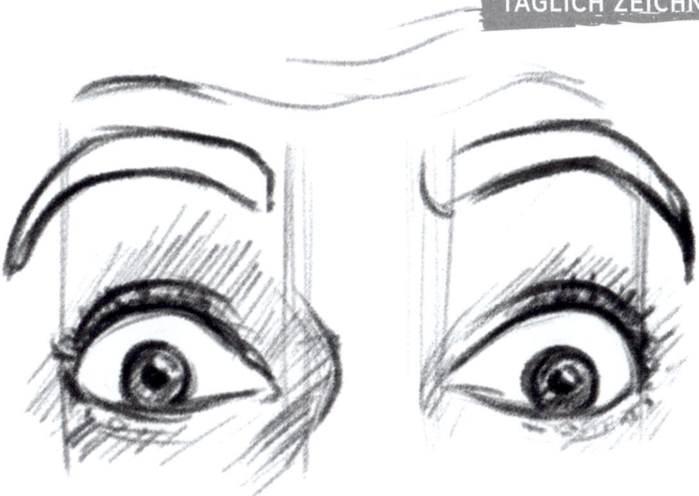

Übertreibe:
Zeichne den Abstand zwischen Iris und oberem Augenlid noch stärker und beobachte die Wirkung am Papier.

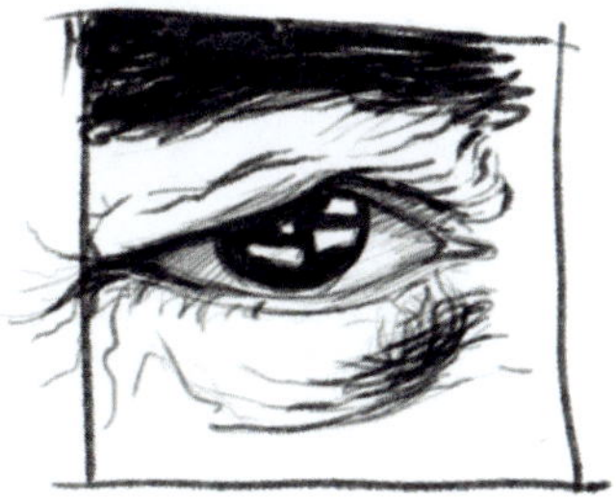

Falten:
Beginne mit einem etwas festeren Bleistiftdruck und lockere diesen rasch. Viele kleine feine, lockere Linien sind ausdrucksstärker als einige wenige dunkle Striche.
Zentral: Zeichne verzweigt und nicht zu geradlinig.

Video: eine kleine Augensketch-Übung

Haare: Kontrast pur

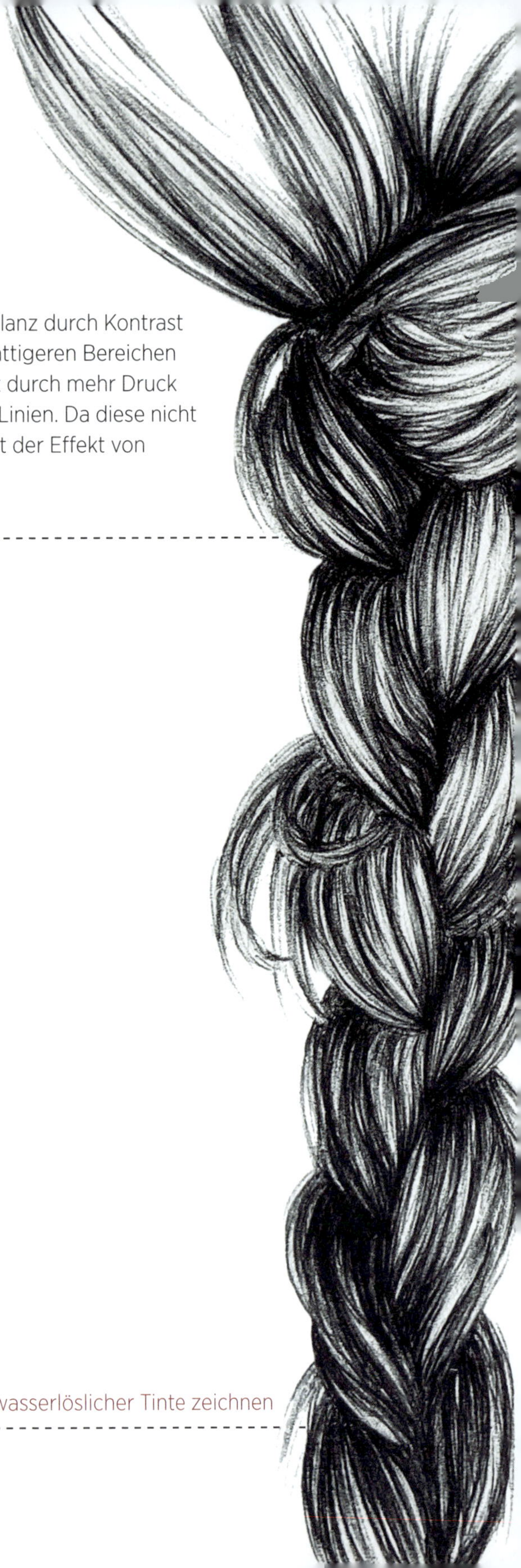

Bei Haaren geht es vor allem darum, den Glanz durch Kontrast darzustellen. Du kannst sie also in den schattigeren Bereichen so richtig dunkel werden lassen. Aber nicht durch mehr Druck auf den Stift, sondern durch viele einzelne Linien. Da diese nicht immer auf derselben Stelle landen, entsteht der Effekt von dichtem Haar und von Volumen.

Deine Sketches

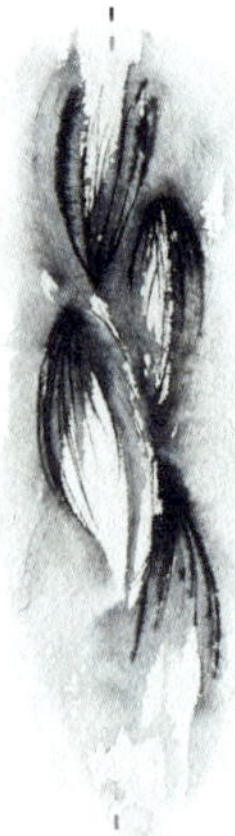

Video: Haare mit wasserlöslicher Tinte zeichnen

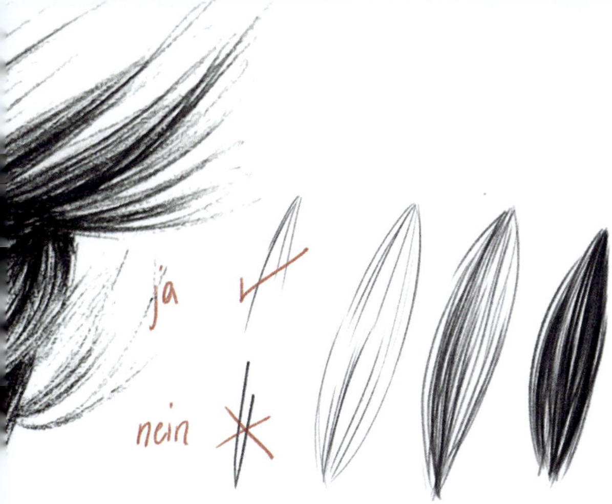

Auslaufend:
Lass die Linien von der Seite zur Mitte hin fein auslaufen und stoppe sie nicht abrupt.

Überlappend:
Nicht eine einzige feste Linie erzeugt den Effekt, sondern 20 feine überlappende Linien.

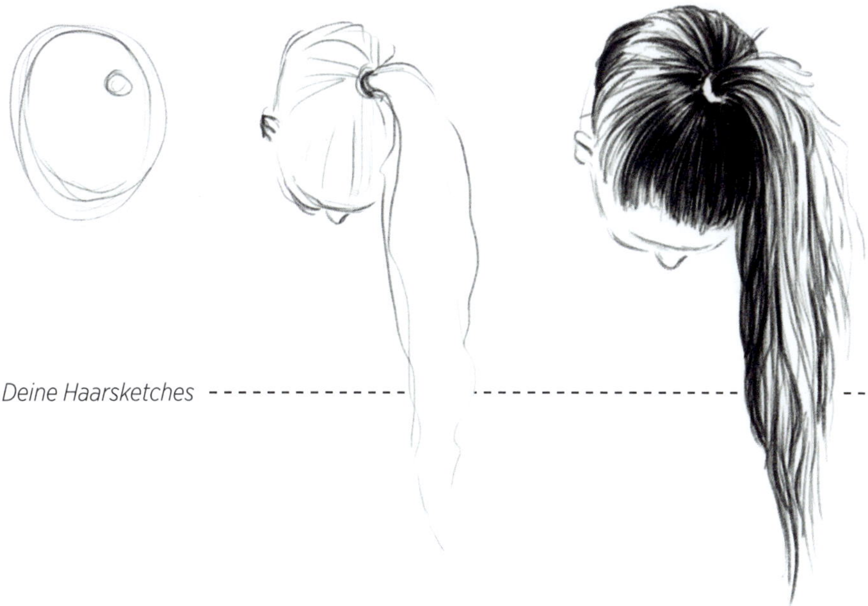

Deine Haarsketches

Lippenform

Das Magischste am Zeichnen der Lippen sind wohl die Falten. Sie drücken soviel aus: ob der Mund lacht, entspannt ist oder einen Kuss formt. Wenn wir rasch sketchen, können wir nicht jede Falte ausformulieren, aber wir können den Schatteneffekt dieser Falten verwenden.

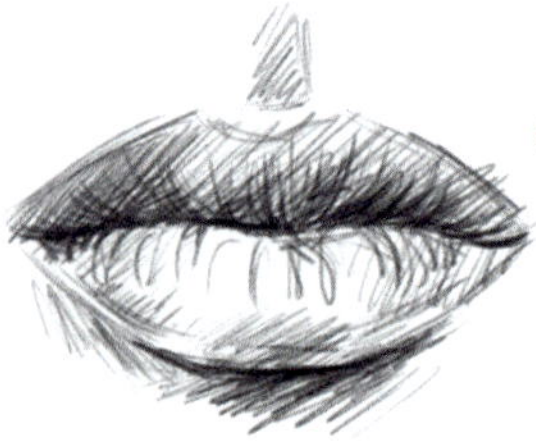

Form einer Falte:
entspannt vs. angespannt

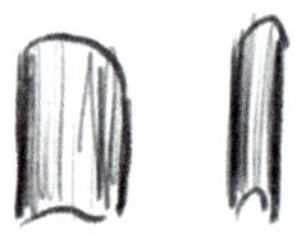

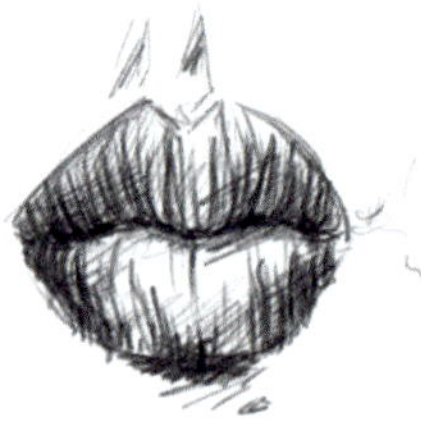

Entspannt:
Die Falten sind größer, die gesketchten Linien für den Schatten sind weiter voneinander entfernt und meist heller.

Angespannt:
Der Abstand zwischen den Linien ist kleiner, besonders Richtung Mundwinkel. Die Linien sind meist dunkler.

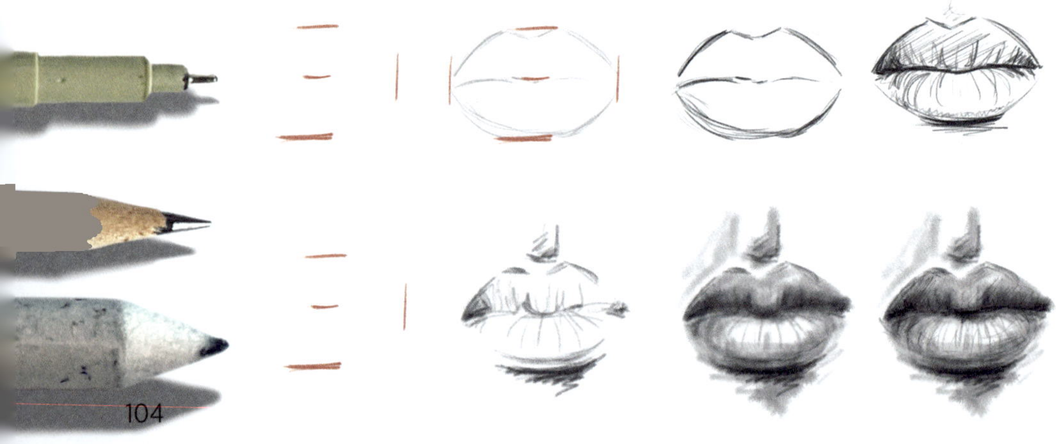

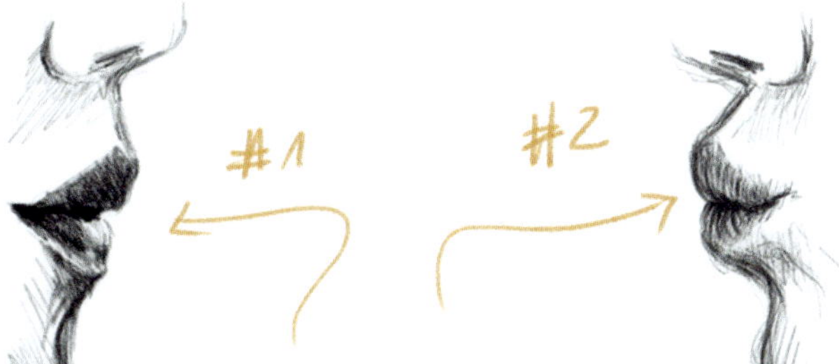

Lippenspannung:
Abhängig davon, ob die Lippe unten angespannt oder geschürzt ist, zeigt sich das Licht ganz unterschiedlich.

#1: Die Unterlippe wird zu den Zähnen gepresst: wenig Falten, breiter Lichteinfall

#2: Für die Pfeifhaltung werden die Lippen auf einen kleinen Raum zusammengedrückt: sehr viele Falten

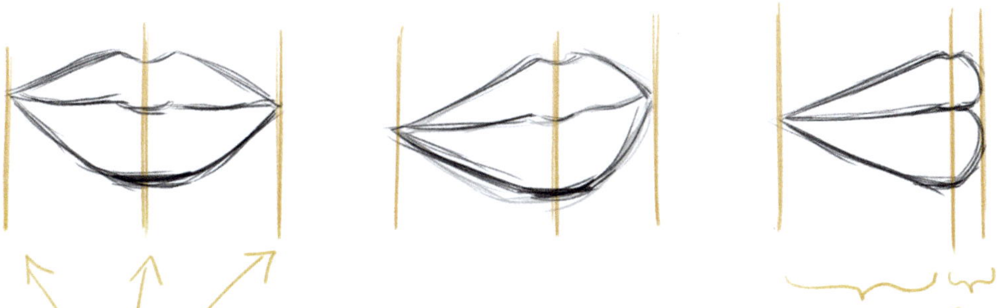

Deine Sketches

3 Linien definieren Lippenmitte & Mundwinkel.

Auch bei veränderten Perspektiven bleibt die Rolle der 3 Linien gleich.

Schattierungstipp:
Oberlippe ist meist dunkler, auf der Unterlippe sind die Lichtreflexionen breiter & stärker.

Fingerlinien

Hände sind komplex durch die feingliedrigen Finger. Allerdings lassen wir uns davon nicht abschrecken, sondern holen uns einfach klare Leitlinien und Formen. Zwei davon sind besonders ausdrucksstark: Fingerlinien & Fingerspitzen.

Fingerlinie:
Diese Linie definiert den Rücken des Fingers, die Gelenke werden durch die Knicke in der Linie dargestellt.

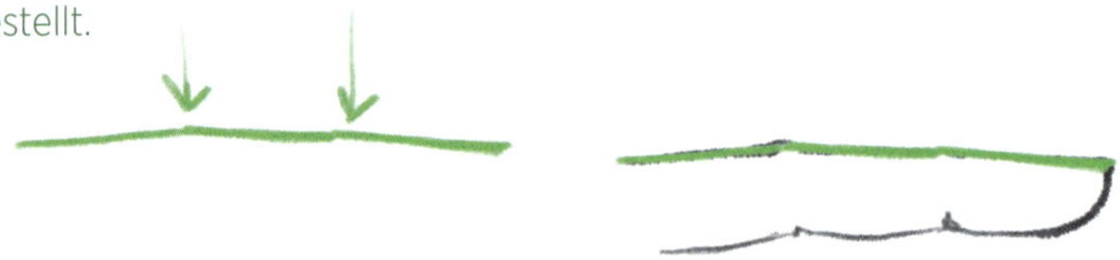

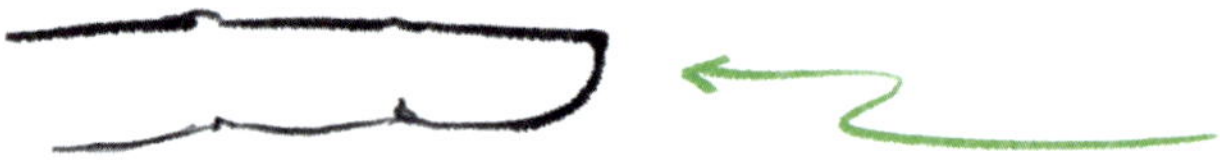

Fingerspitzen:
Der charakteristische Bogen der Fingerspitze gibt sofort einen klaren Hinweis, dass es sich um einen Finger handelt.

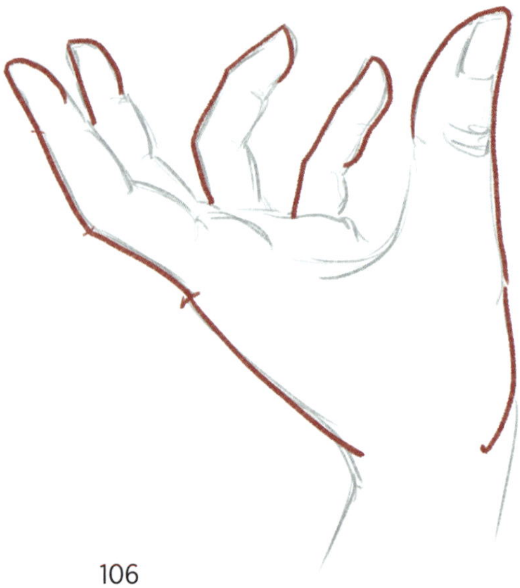

Deine Hand

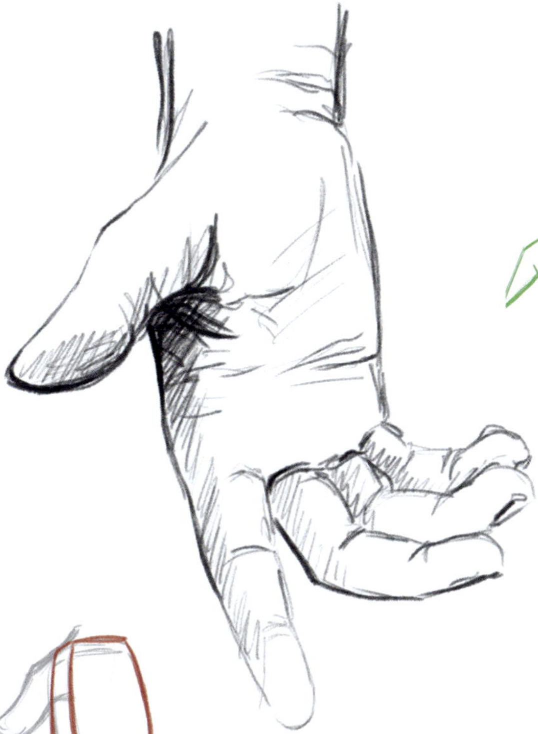

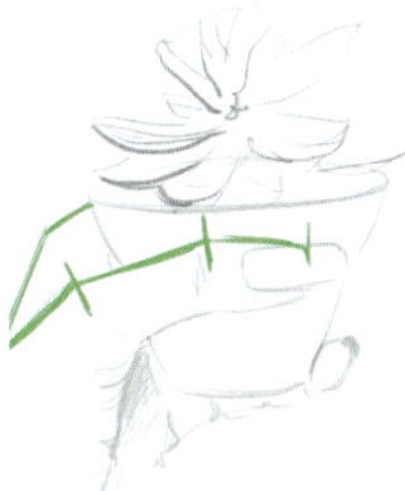

Handhaltung:
Die Fingerlinie des Daumens führt uns, die Gelenke werden durch Knicke der Linie dargestellt.

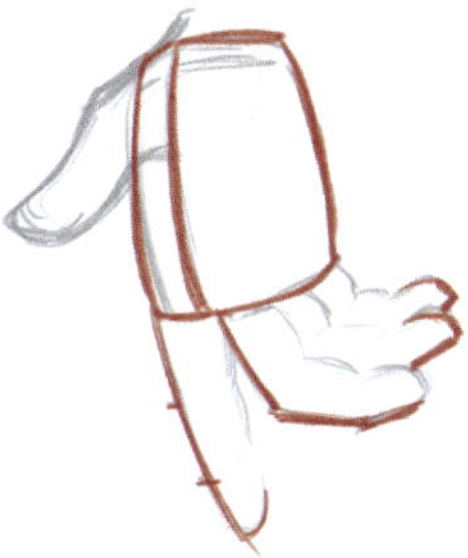

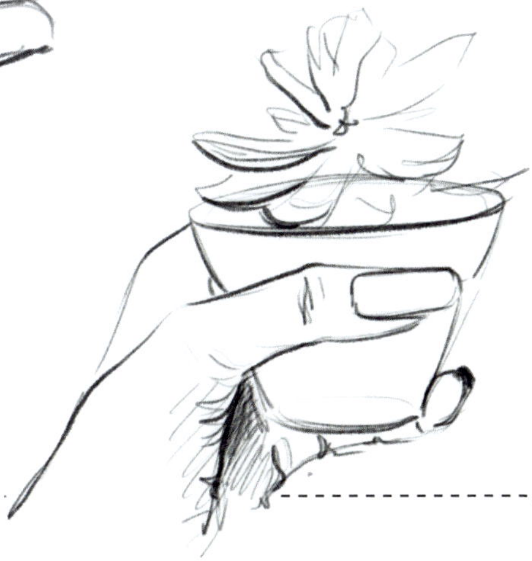

Deine Sketches

Es geht nur um die Sohle

Füße lassen sich ganz wunderbar auf eine einzige, zentrale Linie reduzieren: die Sohle.

Der Schwung, von der Ferse hin zu Fußballen und Zehen, beinhaltet viel Information: Die Länge des Fußes, die Fußhaltung und sogar, ob es sich um die Innen- oder Außenansicht des Fußes handelt.

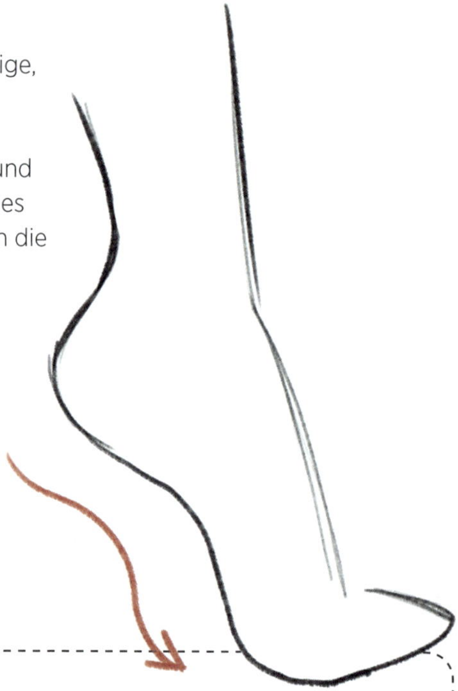

Außenansicht

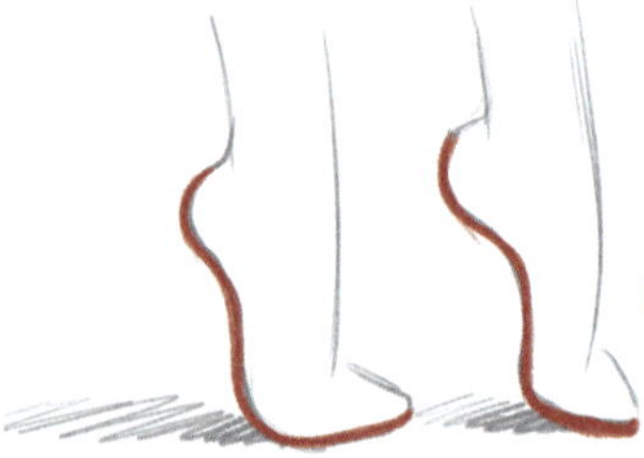

Innenansicht

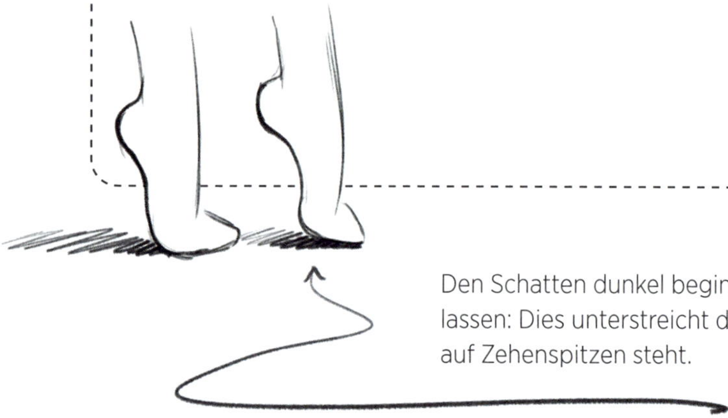

Den Schatten dunkel beginnen und dann hell auslaufen lassen: Dies unterstreicht den Effekt, dass der Mensch auf Zehenspitzen steht.

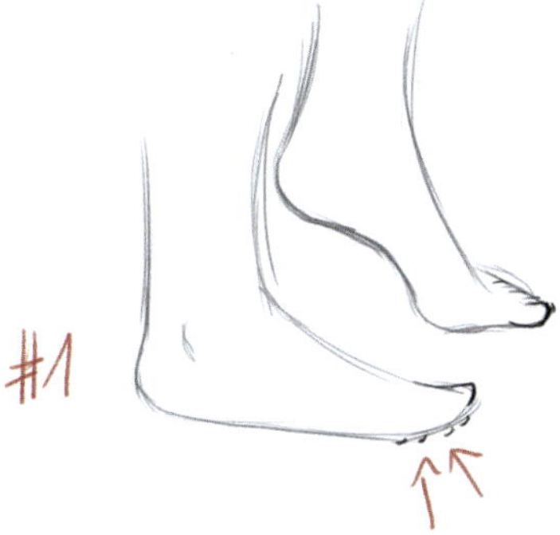

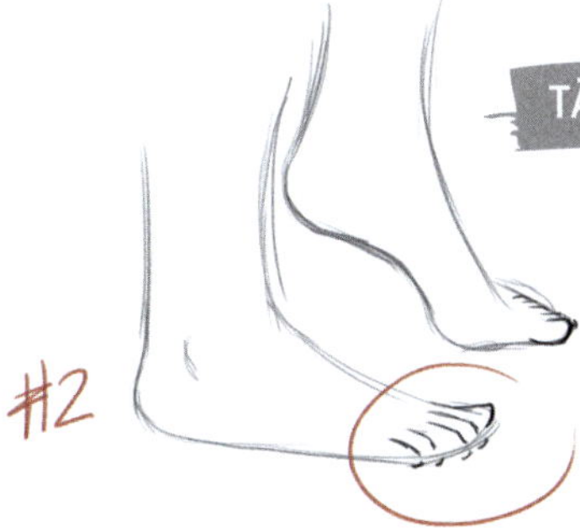

#1 Angedeutete Orientierung:
Kurze Linien oder Punkte reichen, um die Position der Zehen zu definieren.

#2 Zehenaufteilung:
Deute im nächsten Schritt die Form der Zehen an.

Dies ist auch eine gute Möglichkeit, um zu kontrollieren, ob die Zehenaufteilung stimmig ist, BEVOR du die Zehen ganz detailliert zeichnest.

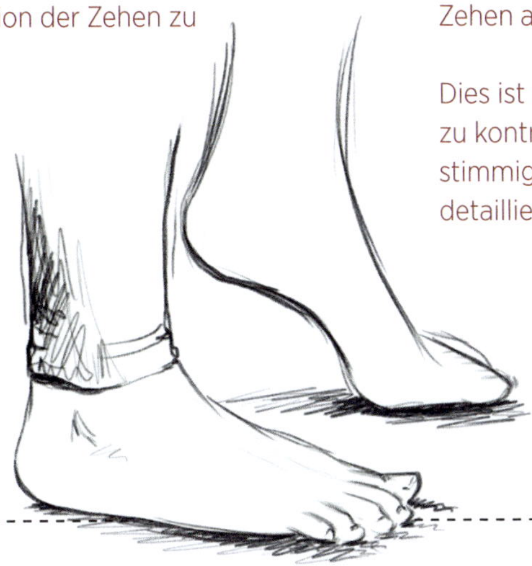

Der Schatten erklärt zusätzlich die feingliedrige Form der Zehen: einzelne, rasch heller werdende Schraffuren.

Deine Sketches

Die Augenbraue der Schuhe

Wie die Augenbraue im Gesicht und die Sohle beim Fuß ist auch die Schuhsohle ein zentrales Element beim Schuh. Sie definiert dessen Länge und Art und auch, ob es sich um die Außen- oder Innenansicht des Schuhs handelt.

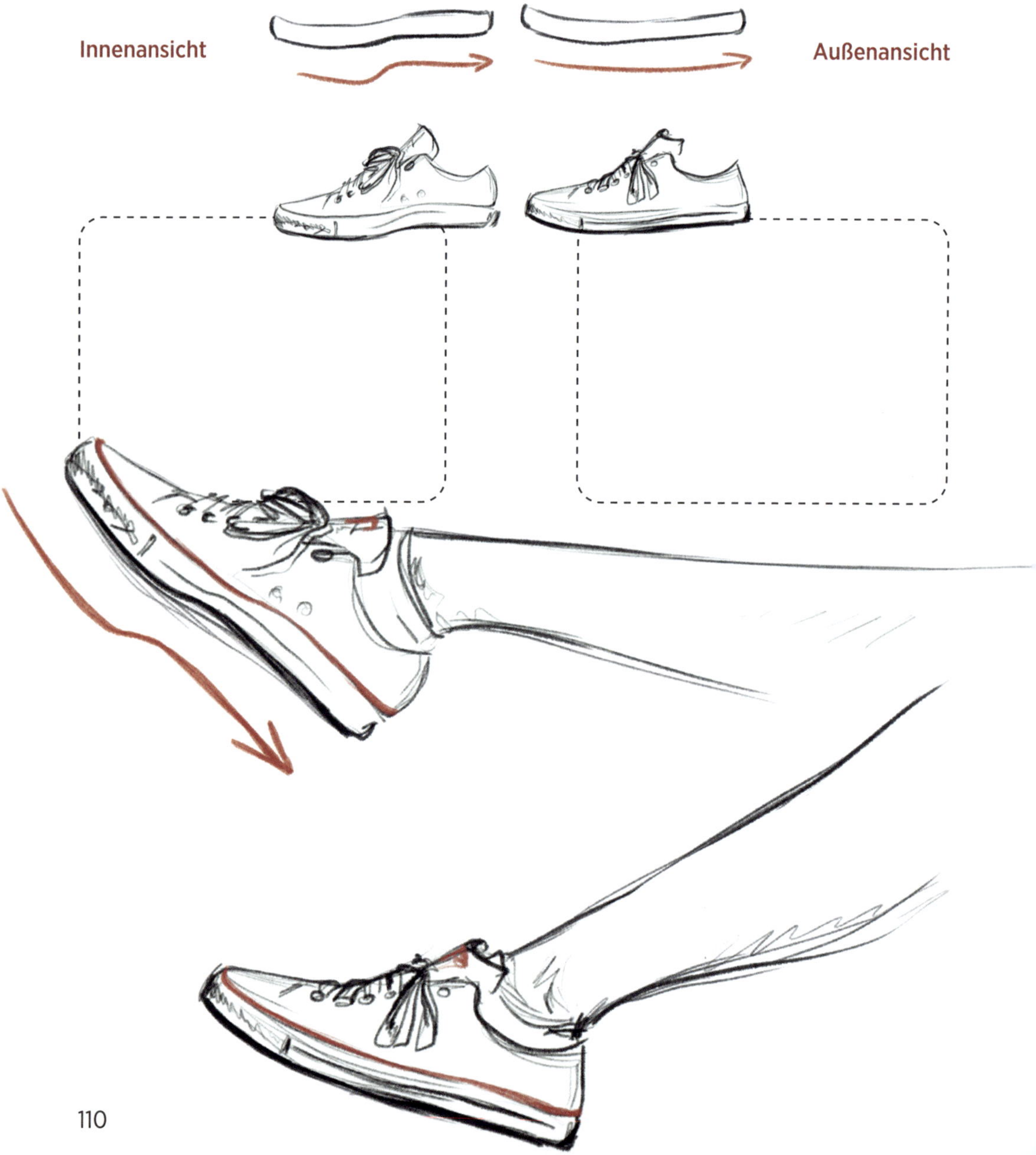

Schuharten sind gar nicht so unterschiedlich, wie sie im ersten Moment erscheinen mögen. Die Vorgehensweise kann durchaus immer die gleiche sein.

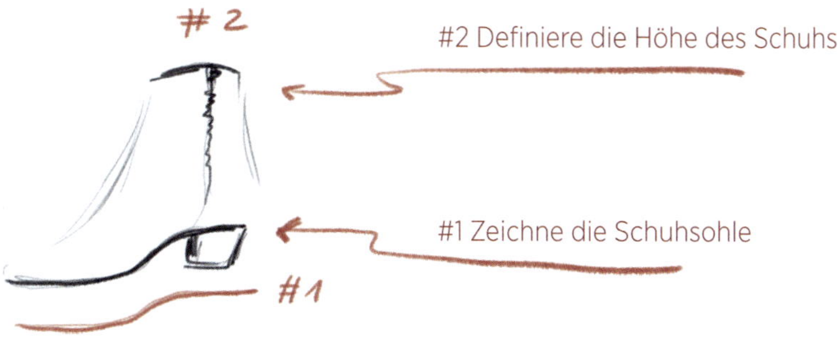

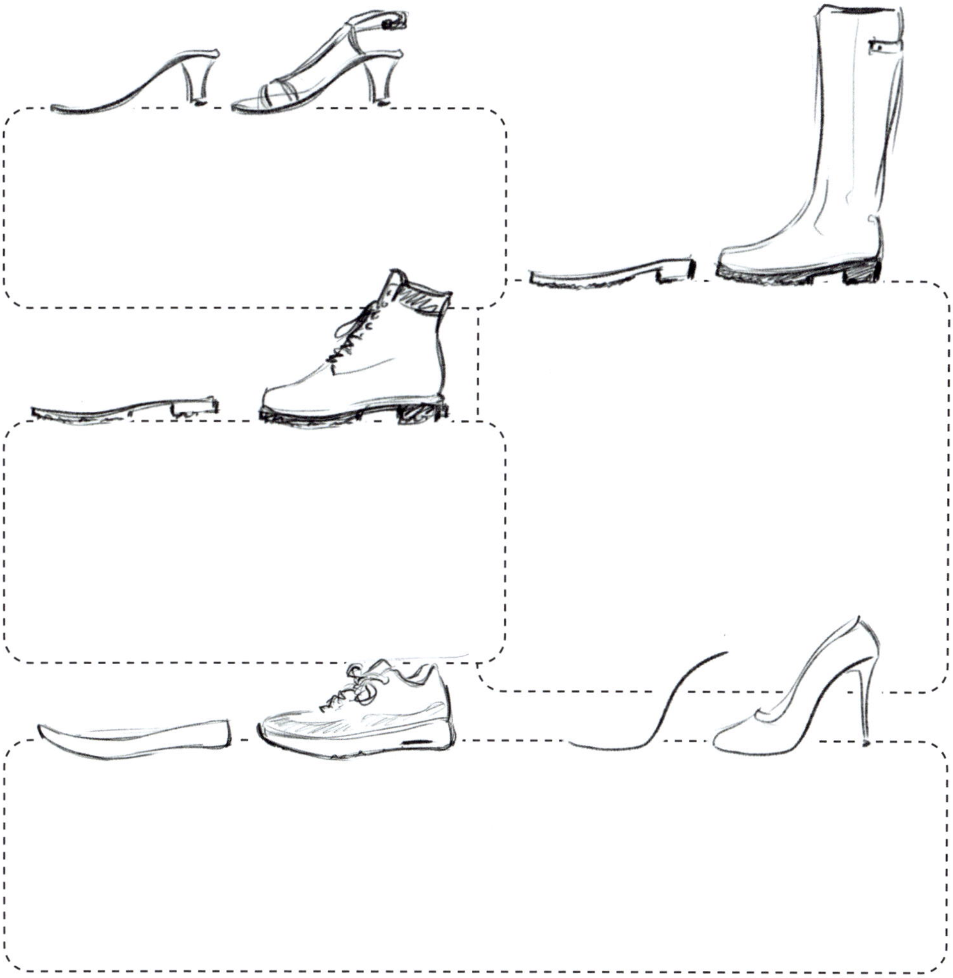

Bewegung

Erster Gedanke bei Bewegung: **Aktionslinie**. Egal ob Mensch, Tier oder Objekt. Bewegung ist komplex und gerade bei solchen anspruchsvollen Motiven ist es wichtig, sie so simpel wie möglich darzustellen. Und das gelingt uns mit nur einer Linie, die das Maximum an Information enthält.

Die Aktionlinie

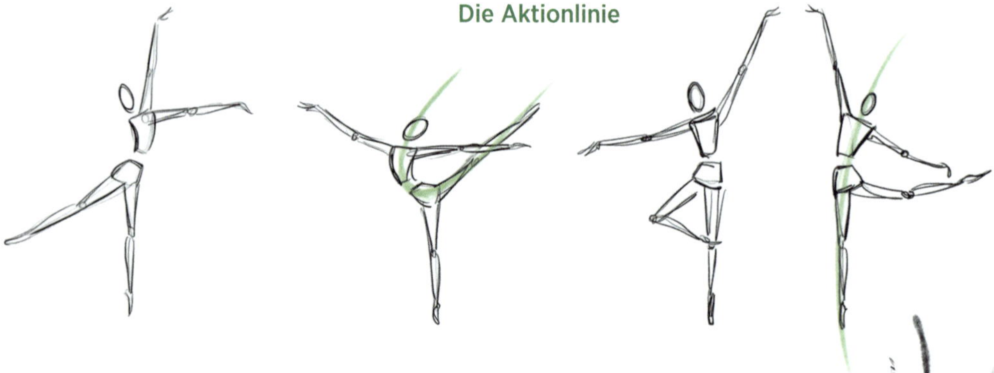

Die Aktionslinie basiert auf einem sehr individuellen Ansatz.
Finde die Linie, welche für dich die Bewegung am besten widerspiegelt.

Bewegung kann aber auch durch Muskeln dargestellt werden. Die durch Konturlinien und Schattierung veränderte Form der Muskulatur gibt uns bereits wertvolle Hinweise.

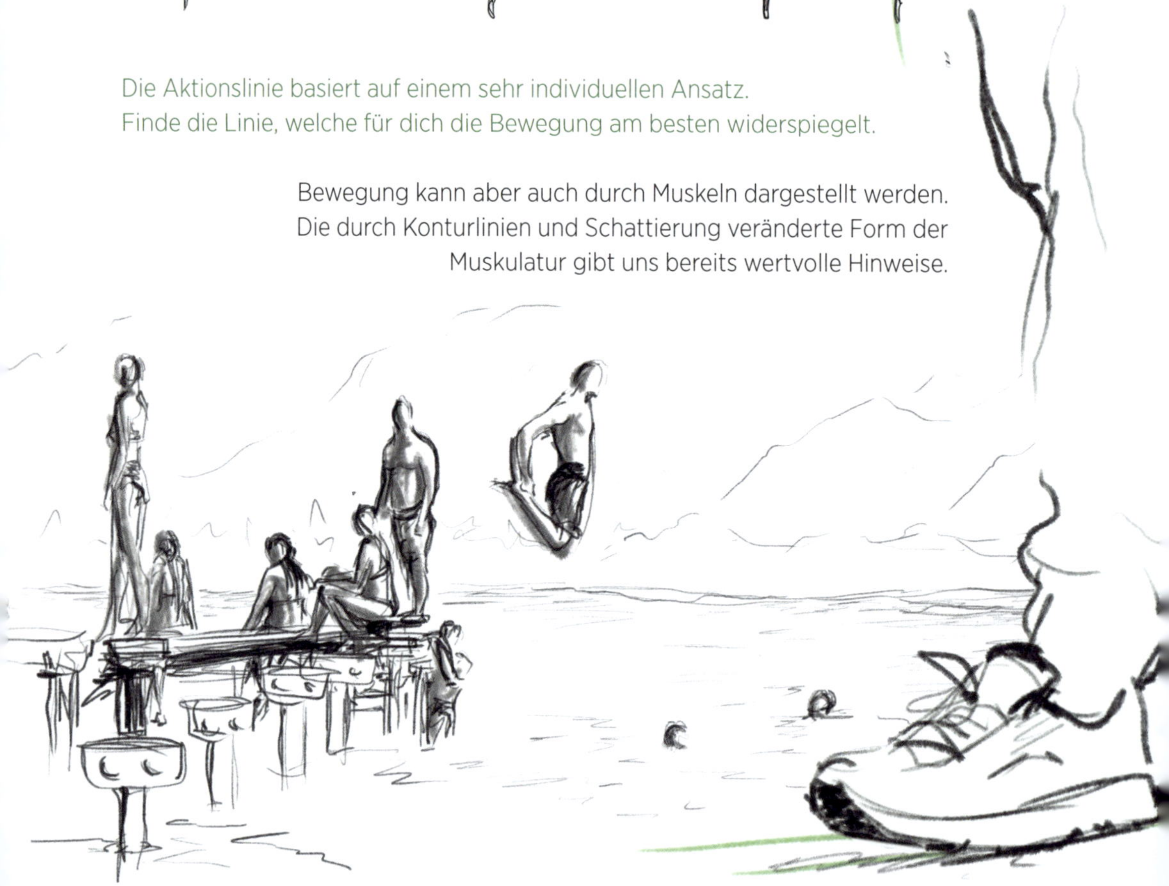

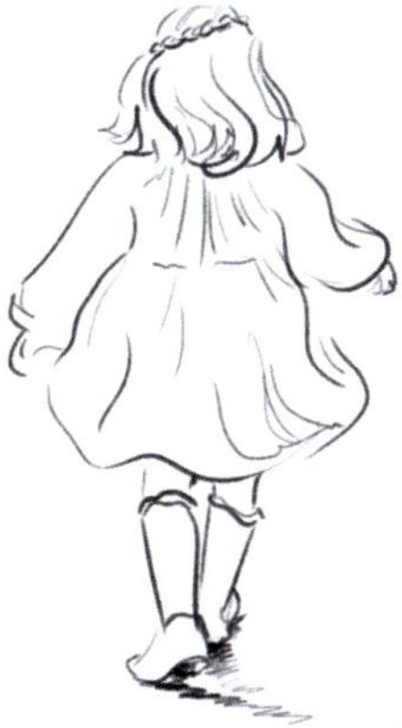

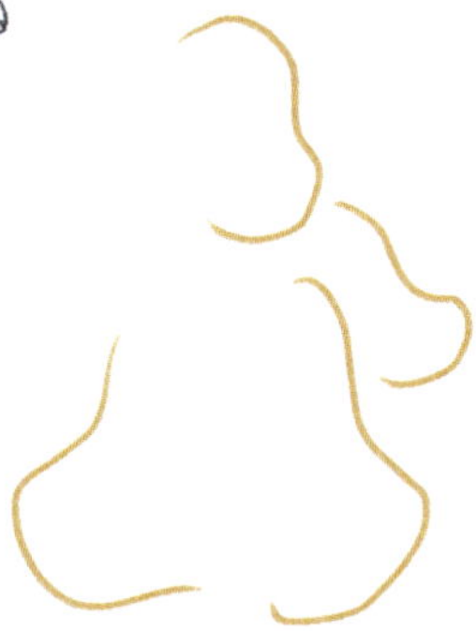

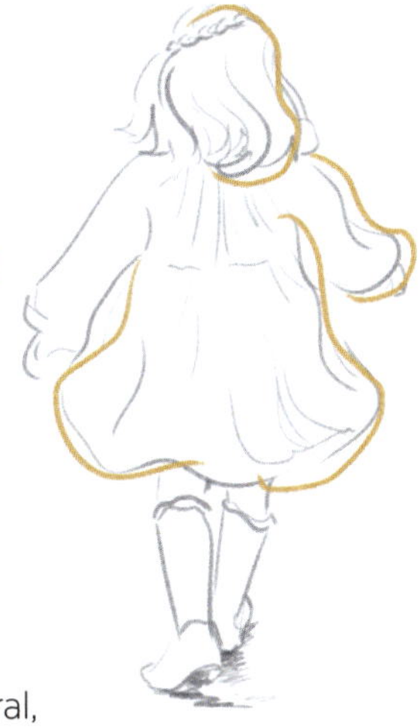

Abstraktion:
Sieh das Bild in Kleidungswellen und nicht in Körperformen.

Außenlinien sind oft so hilfreich.
Ich weiß, ich weiß, gerade beim Zeichnen von Menschen ist es zentral, zuerst den Körper zu definieren und dann erst die Kleidung. Aber wenn es um Bewegung geht, da darf es oft ruhig lockerer und anders im Ansatz sein.

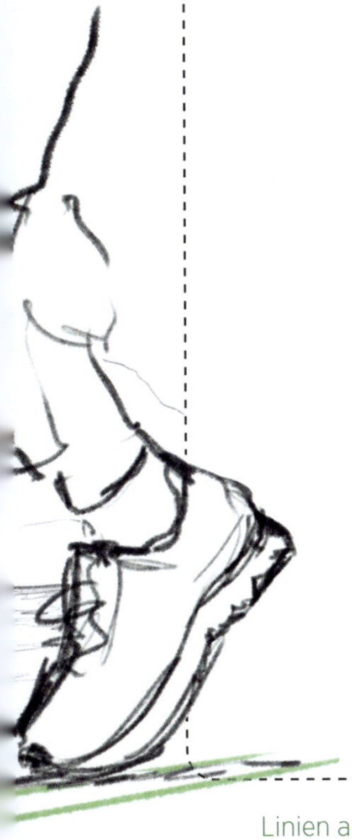

Linien am Boden helfen, den Schuhabstand und die Perspektive zu definieren.

Unfinished

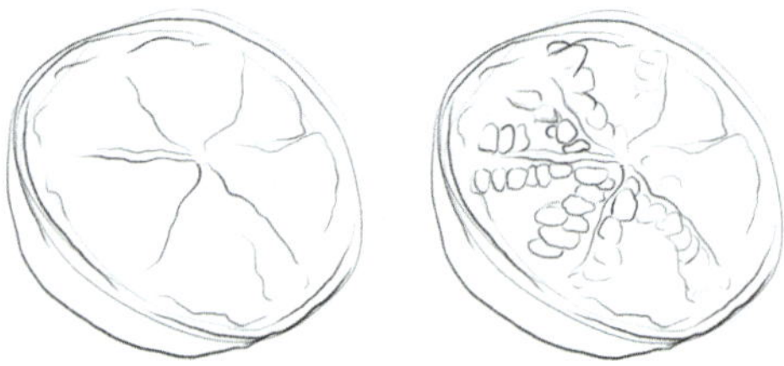

Wann ist das Bild fertig? Manchmal habe ich so das Gefühl, es ist etwas tief Menschliches, dass wir Dinge „fertig" stellen wollen. Dass die Zeichnung jedes Detail beinhaltet, das wir in der Realität sehen. Das ist allerdings ein Ding der Unmöglichkeit. Und, nachdem es beim Zeichnen so und so um Interpretation geht, können wir doch gleich auch die halbe Zeichnung bewusst weglassen. Einfach aufhören und dem Auge Platz bieten, es selber auszufüllen.

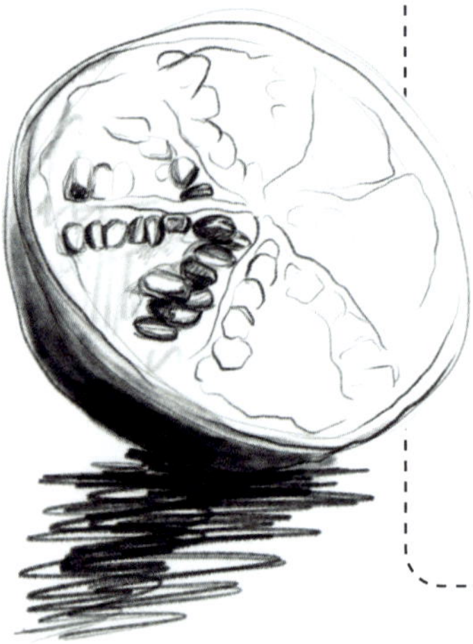

Der Druck am Papier:
Zeichne die Schuhbänder nicht genau nach, sondern variiere den Druck mit dem Stift am Papier: manche Linien etwas dunkler, manche heller. Dadurch entsteht gleich ein räumlicher Effekt.

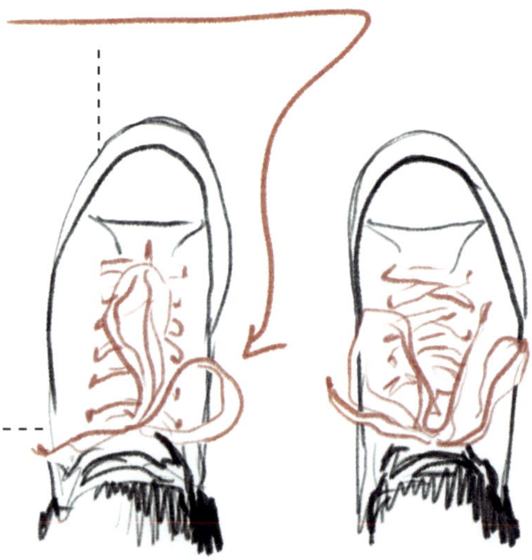

Es muss nicht perfekt sein.

Eindeutig nicht. Ich glaube sogar, dass der Versuch, EXAKT das nachzubilden, was man vor sich sieht, genau das Gegenteil bewirkt: dass es nicht so ausdrucksstark und lebendig wirkt wie das echte Modell. Sondern steif und genau.
Wir wollen aber Leben in den Sketch bringen. Ausdruck. Individualität.
Darum geht es weniger um die Exaktheit,
sondern vielmehr darum, was wir ausdrücken wollen.
Was wir in den Vordergrund stellen wollen.

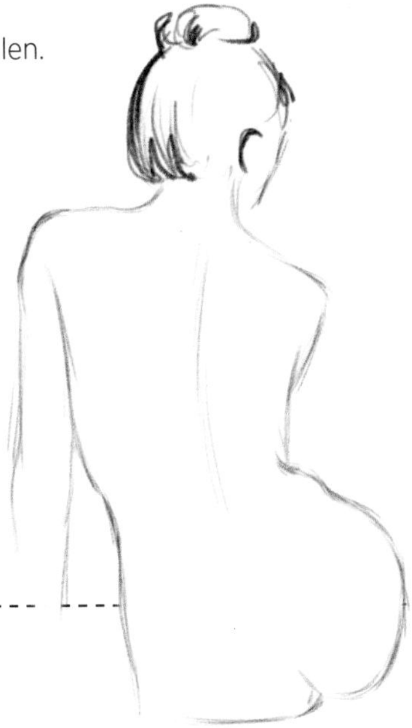

„Um ein kreatives Leben zu leben,
müssen wir unsere Angst verlieren,
etwas falsch zu machen."
Joseph Chilton Pearce

Dein Ausdruck

Fokus

Lass uns den Unfinished-Faden etwas weiter spinnen: Ein Motiv zu zeichnen bedeutet nicht, dass wir alles zeichnen, was wir sehen, sondern, dass wir das Motiv interpretieren. **Was ist wichtig für uns? Was wollen wir mit dem Bild zeigen?**

Dabei ist es sehr hilfreich, einen Fokus zu definieren. Um den Blick der Betrachter*innen zu lenken oder einfach nur, weil dich ein bestimmtes Element des Motivs am meisten interessiert. Alles andere darf angedeutet bleiben oder in Skizzenform dargestellt werden oder kommt nicht einmal in der Zeichnung vor, so wie hier:

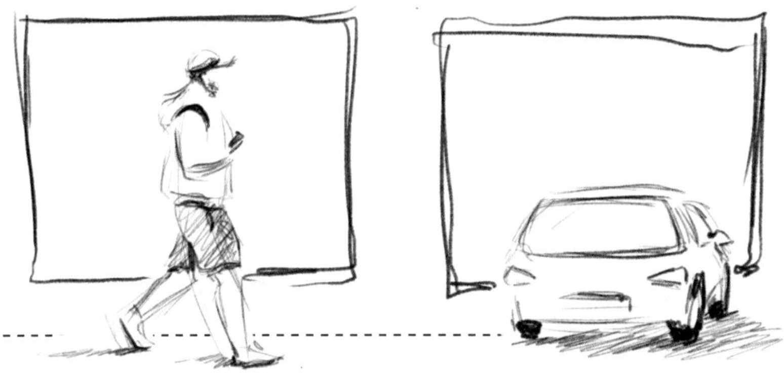

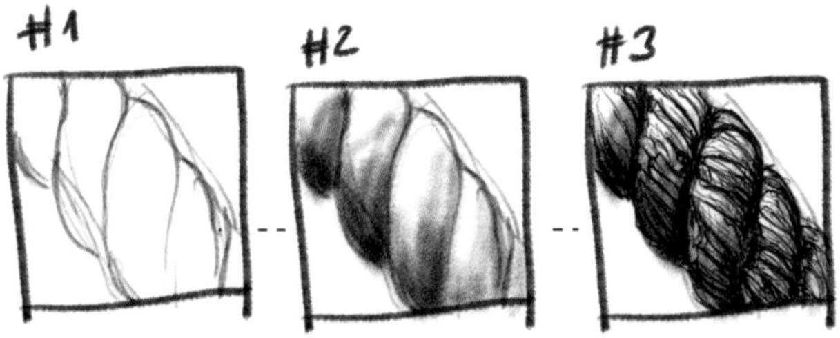

Oder du siehst dir nur ein bestimmtes Detail näher an. Wie dieses Seil. Ganz egal, wo es sich befindet. Es geht nur um das Seil.

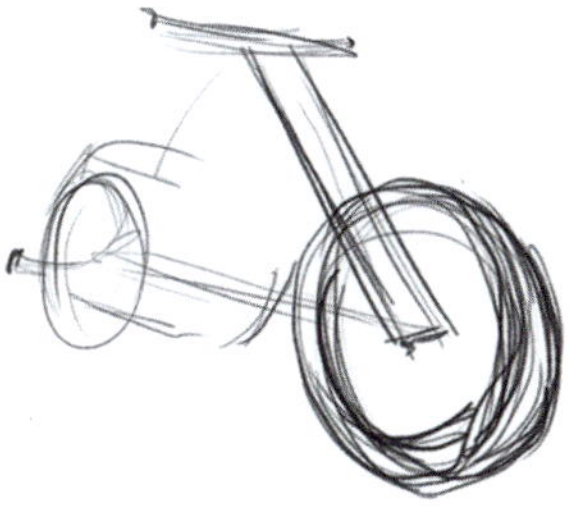

Herausappern*:
Eine Skizze hilft, sich ganz entspannt an die richtige Perspektive heranzutasten.

Fokus:
Der hohe Detailgrad des Vorderreifens erklärt auch gleichzeitig den grob skizzierten Hinterreifen.

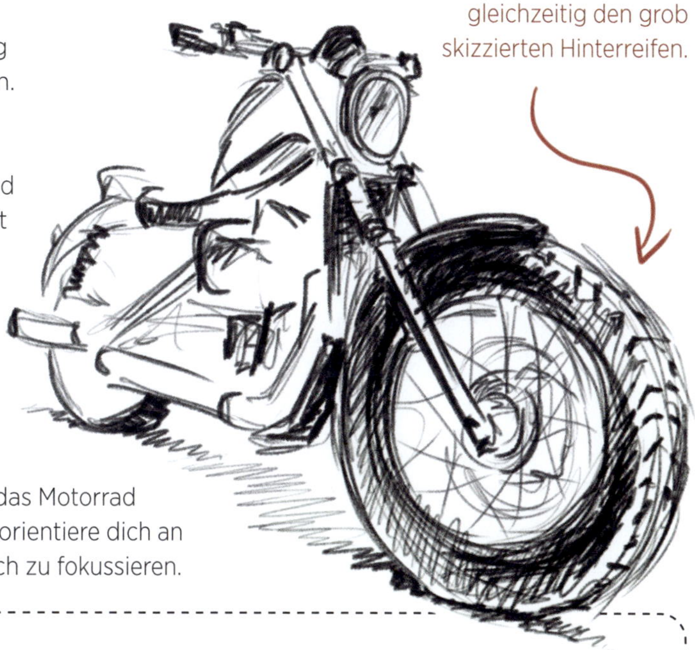

Ein Motorrad kann richtig komplex zu zeichnen sein. So viele Details.

Das kann oft schon Grund genug sein, erst gar nicht damit zu beginnen.

Überlege dir, warum du das Motorrad zeichnen möchtest, und orientiere dich an dieser Motivation, um dich zu fokussieren.

**Herausappern: das langsame, schrittweise Erscheinen: Die Zeichnung erhält immer mehr Information und wird immer ausdrucksstärker.*

Halbe-halbe

Du siehst ein Motiv, das dir gefällt. Holst Bleistift & Sketchbook und beginnst gleich zu zeichnen. Nach ein paar Minuten machst du einen Schritt zurück und merkst erst, dass die Details, die du gezeichnet hast, zwar wundervoll aussehen, aber die Gesamtkomposition irgendwie schräg ist. Irgendwie passen die Proportionen nicht ... Und das Motiv wird auch gar nicht aufs Papier passen, zu groß, schade eigentlich.
Und genau da setzt mein Tipp an:
Mit wenigen Linien kannst du die gesamte Größe eines Motives abstecken:
Wie breit ist es (ungefähr)? Wie hoch ist es (ungefähr)?

Dadurch definierst du einen Rahmen, der wirklich überschaubar ist. Und der dich später davor rettet, dass das halbe Motiv im Sketchbook gar keinen Platz mehr hat.
(Manchmal wirkt es allerdings richtig gut, wenn das Motiv ausläuft und irgendwo am Rande der Sketchbook-Seite verschwindet ...)

Proportionen ableiten:
Die Halbe-halbe-Methode hilft auch wunderbar bei optischer Verkürzung.

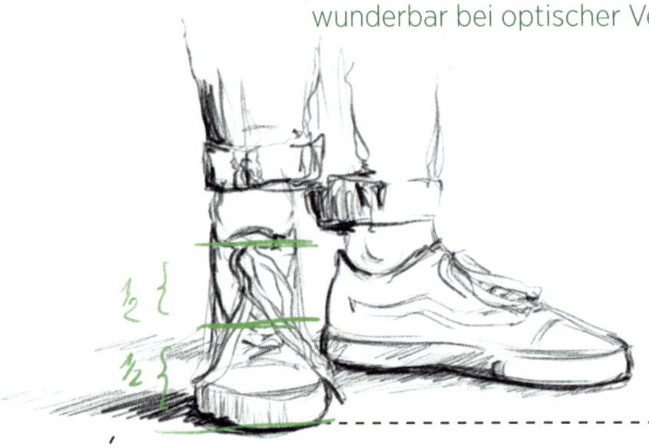

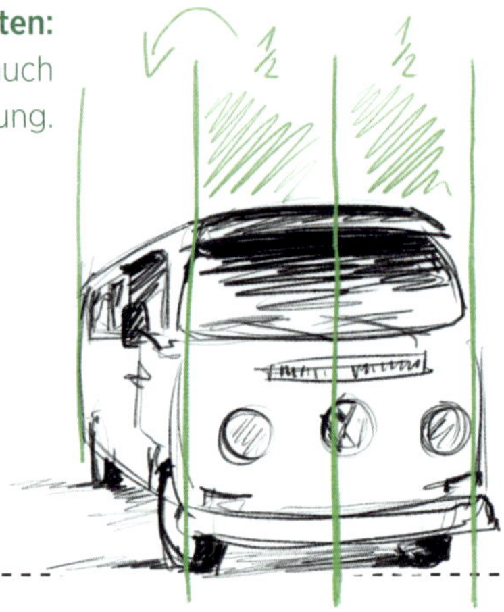

Die Halbe-halbe-Methode ist keine offizielle Bezeichnung, drückt aber perfekt aus, was den Vorteil dieser Methode ausmacht: **Reduktion auf klare, einfache Linien.**

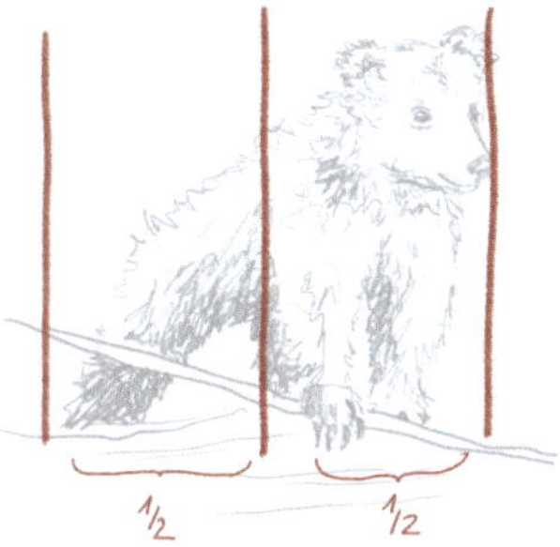

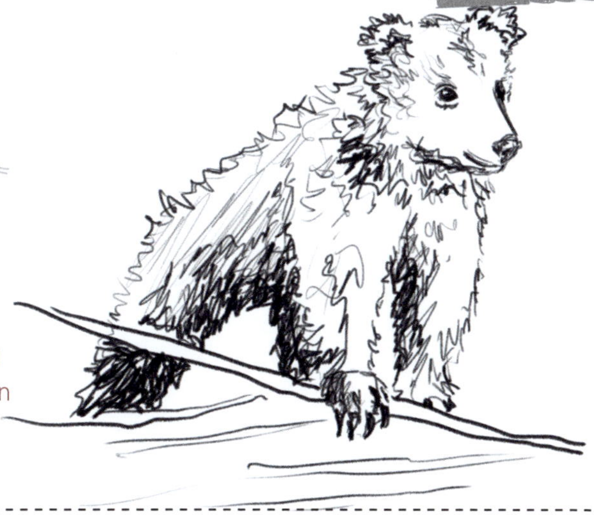

Das linke Vorderbein hilft uns, das Bärenkind in 2 Hälften zu teilen und dadurch mehr Gefühl für seine Körperhaltung und sein Gleichgewicht zu bekommen.

Diese Methode funktioniert mit allem. Auch mit Menschen.

Egal, ob stehend oder in der Hocke:
Halbiere.
Und schon hast du ein Gefühl für die Körperproportionen in der Pose.

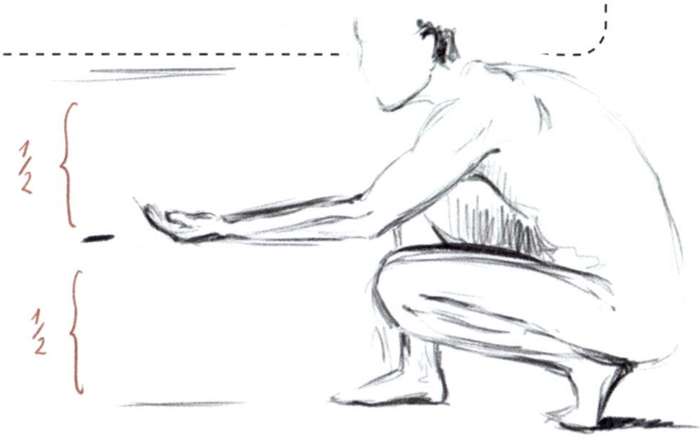

Erzähl eine Geschichte

Zeichnen ist nicht das mechanische Kopieren von Elementen. Das simple Abbilden von dem, was wir sehen. **Denn selbst das, was wir sehen, ist bereits eine Interpretation.** Wenn du dir die Haare schneiden möchtest, siehst du plötzlich rund um dich nur noch Menschen mit lässigen, neuen Haarschnitten. Als ich mich dazu entschieden hatte, mir die Haare ganz kurz zu schneiden, war mein Blick dementsprechend auf weibliche Kurzhaarfrisuren geschärft. Äußerst faszinierend, diese selektive Wahrnehmung. **Dementsprechend selektiv ist auch unser Zeichenprozess.** Keine einzige Zeichnung sieht gleich aus. Und das nicht nur wegen unserer unterschiedlichen Zeichenstile. Sondern auch, weil wir den unterschiedlichen Elementen und Motiven einer Szene unterschiedliche Bedeutungen beimessen. Darum ist der Versuch, etwas exakt und genauso abzubilden, wie du es siehst, gar nicht notwendig.

Der Schleier der eigenen Wahrnehmung liegt darüber. Und das Spannende an deiner Zeichnung ist, diese Wahrnehmung zu interpretieren und für andere sichtbar zu machen.

Fühle, was du siehst. Fühle, was du ausdrücken möchtest am Papier.

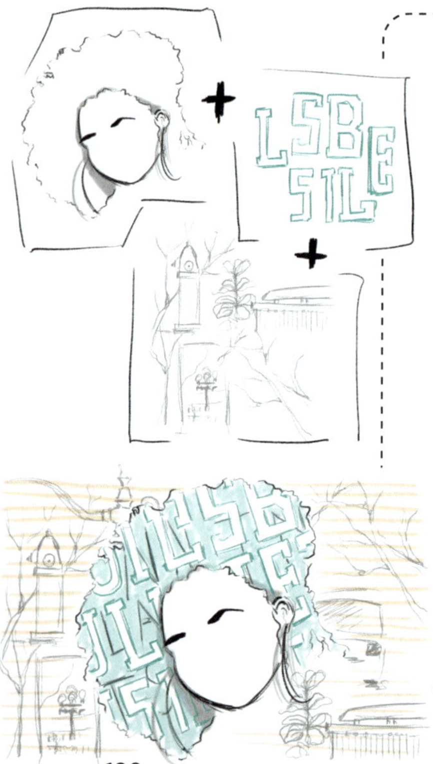

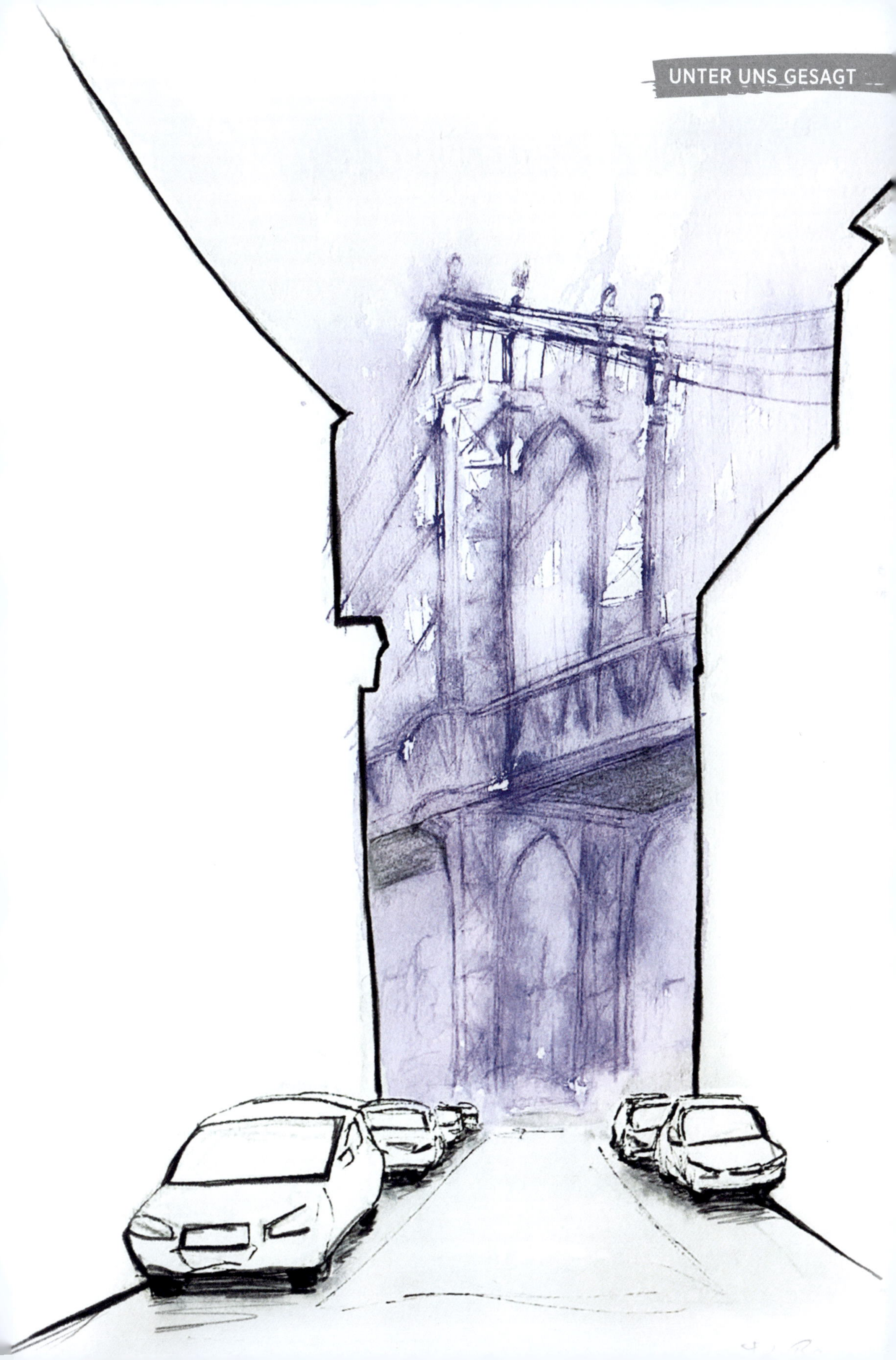

Ich habe kein Talent

Das verhängnisvolle Scrollen durch Social Media. Selbst wenn ich mich mental darauf vorbereite, erwischt es mich manchmal doch: „Alle anderen haben soviel mehr Ideen, soviel bessere Sketches, und meine eigenen Zeichnungen ... Wenn ich nur mein Sketchbook ansehe ... " Das Gefühl der Unzufriedenheit kriecht hoch. **Alle anderen sind besser.** Wie können wir dieses Gefühl wieder abschütteln?
Mein Rezept #1: Social Media schließen und zeichnen. Am besten etwas, das dir Spaß macht. Oder einfache Formen. Alltagsdinge.

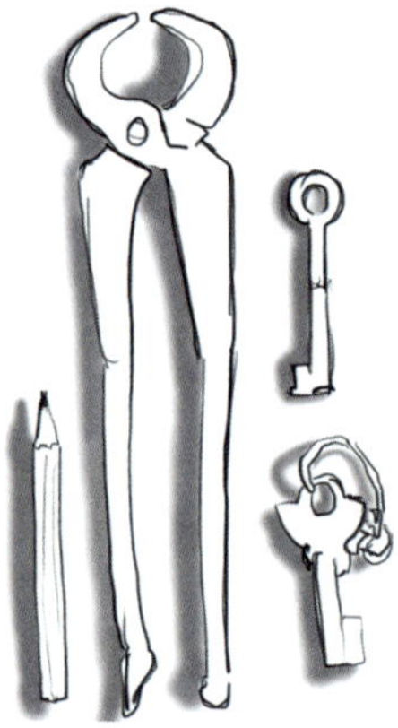

Es sind oft die Kleinigkeiten, die den Unterschied ausmachen. Vergleiche deine Zeichnungen nicht mit anderen, sondern konzentriere dich einfach auf die Feinheiten deiner eigenen Sketches. Kleine Änderungen können eine immense Wirkung haben.

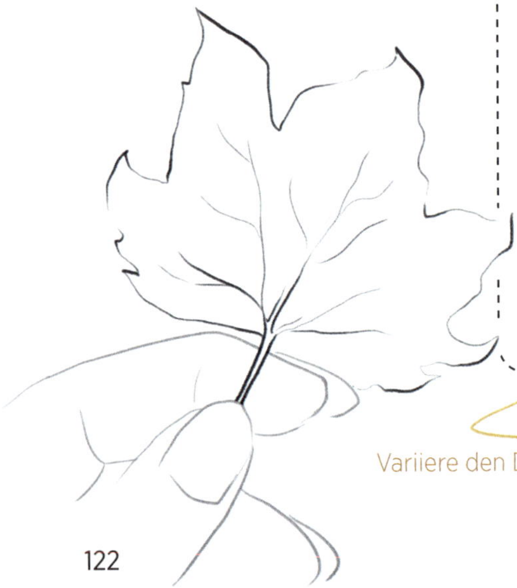

Variiere den Druck auf den Stift, während du diese Linie ziehst.

Es gibt kein Richtig oder Falsch.
Manchmal vergessen wir das Spielerische am Zeichnen. Das Experimentierfreudige. Und wir versuchen, nur tolle Zeichnungen im Sketchbook zuzulassen. Und genau dieses Kontrollieren hält uns davon ab, außergewöhnlich zu sein. Weil wir jede Linie unter Kontrolle halten. Sodass wir nie über unsere inneren Grenzen hinaus zeichnen können. Lass uns doch diese Grenzen ab und zu durchbrechen und einfach aus der Freude heraus zeichnen. Egal, wie es dann im Sketchbook wirkt.

„Kreativität ist in uns, sie lässt sich nicht von anderen im Außen formen – aber inspirieren."

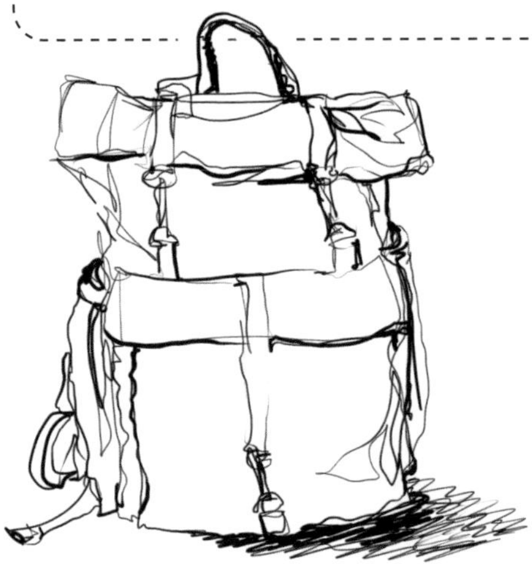

Auch hier habe ich einfach mit der Linienstärke und der Linienart experimentiert. Manche dunkle Linien drücken so den Kernschatten des Rucksacks aus. Während andere, scheinbar planlose, helle Linien die gefühlt knautschige Oberfläche darstellen. Es ist ein Oneliner. Durch den permanenten Kontakt mit dem Papier bekommen wir ein gutes Gefühl für den Linienstil.

„Je mehr wir zeichnen, umso mehr sehen wir."

Ich habe keine Zeit

Wenn ich bei jeder Zeichnung von mir ein geniales Kunstwerk erwarte, dann wird es kompliziert. Ich brauche Zeit dafür, schaffe mir einen Rahmen, sodass ich mich komplett für mehrere Stunden auf die Zeichnung oder Malerei konzentrieren kann. Eine wirklich tolle Sache. Aber im Alltag eindeutig nicht täglich machbar. Dafür habe ich nicht immer Zeit.

Wenn ich aber bewusst weggehe **von dieser Ergebniserwartung** und mich einfach für ein paar Minuten mit einem Motiv beschäftige – das lässt sich dann auch schnell mal im Alltag einbauen. Dafür ist Zeit – und genau hier können wir ansetzen, um ins tägliche kreative Tun zu kommen.

*„Verliebe dich in dein Motiv.
Wenn du nicht vollkommen fasziniert bist, zeichne es nicht."*
Claire Watson Garcia

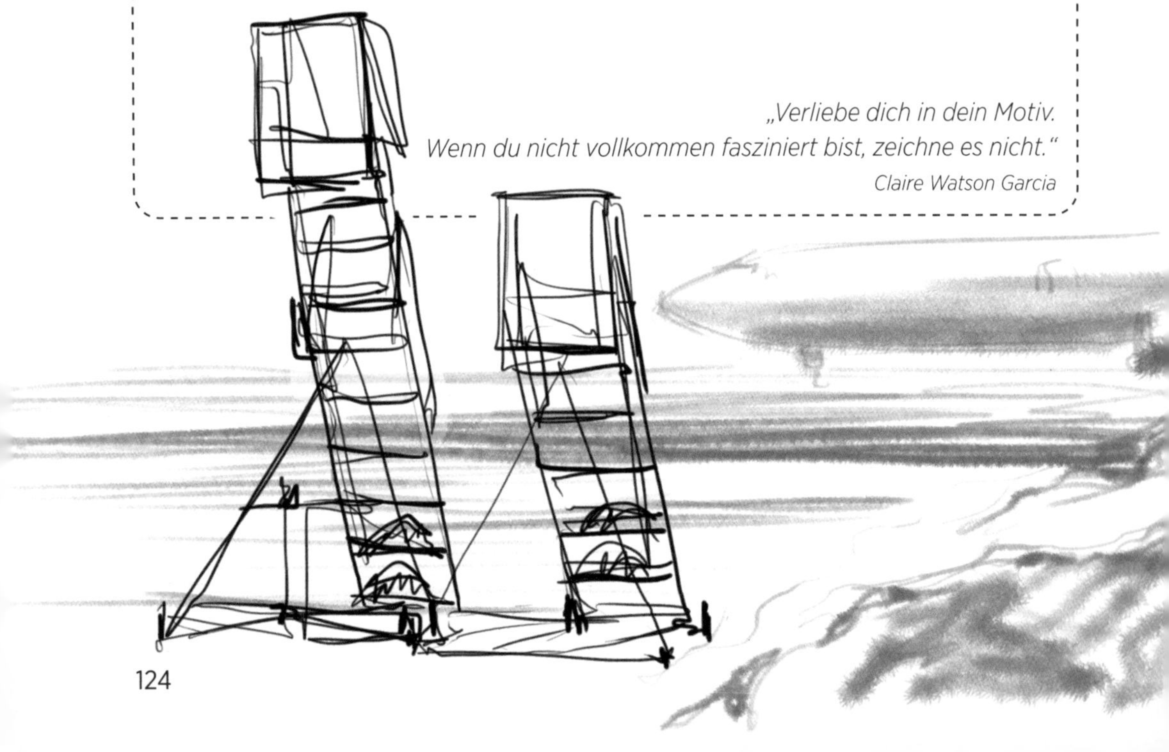

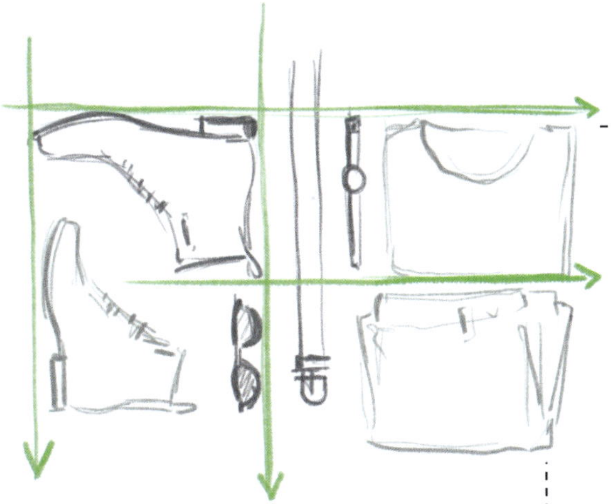

Genieße den Zeichenprozess – auch wenn oder gerade weil es nur für ein paar Minuten ist. Lass dich vom Alltag inspirieren.

Sei zufrieden mit dir.

Sei zufrieden, dass du gezeichnet hast – egal, wie das Ergebnis aussieht. Je öfter du dieses Motiv zeichnest, umso mehr bekommst du ein Gefühl für die Komposition der Zeichnung. Quasi automatisch.

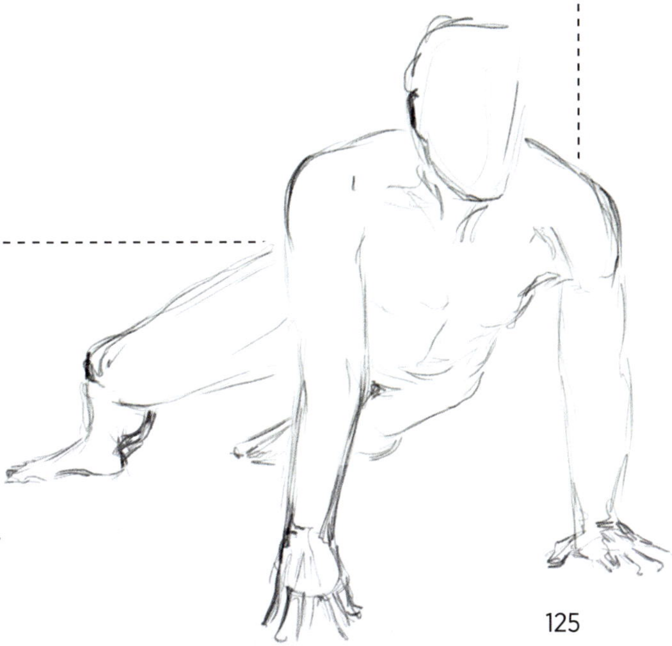

Danksagung

Danke an Silvia für ihre liebevollen Schupser, das Buch endlich aufs Papier zu bringen.

Danke an meinen Mann, der mit Begeisterung und Hingabe meine Zeichenszenen filmt und fotografiert – egal, ob in Frankreich, Spanien oder zu Hause im Garten.

Danke an meine Kinder, meine Schwester Alexandra und meine Eltern, die mich alle unermüdlich motiviert haben, dranzubleiben und mein Zeichenwissen in dieses Buch zu füllen. Und großes Danke an meine Zeichen-Community für eure unentwegte Inspiration.

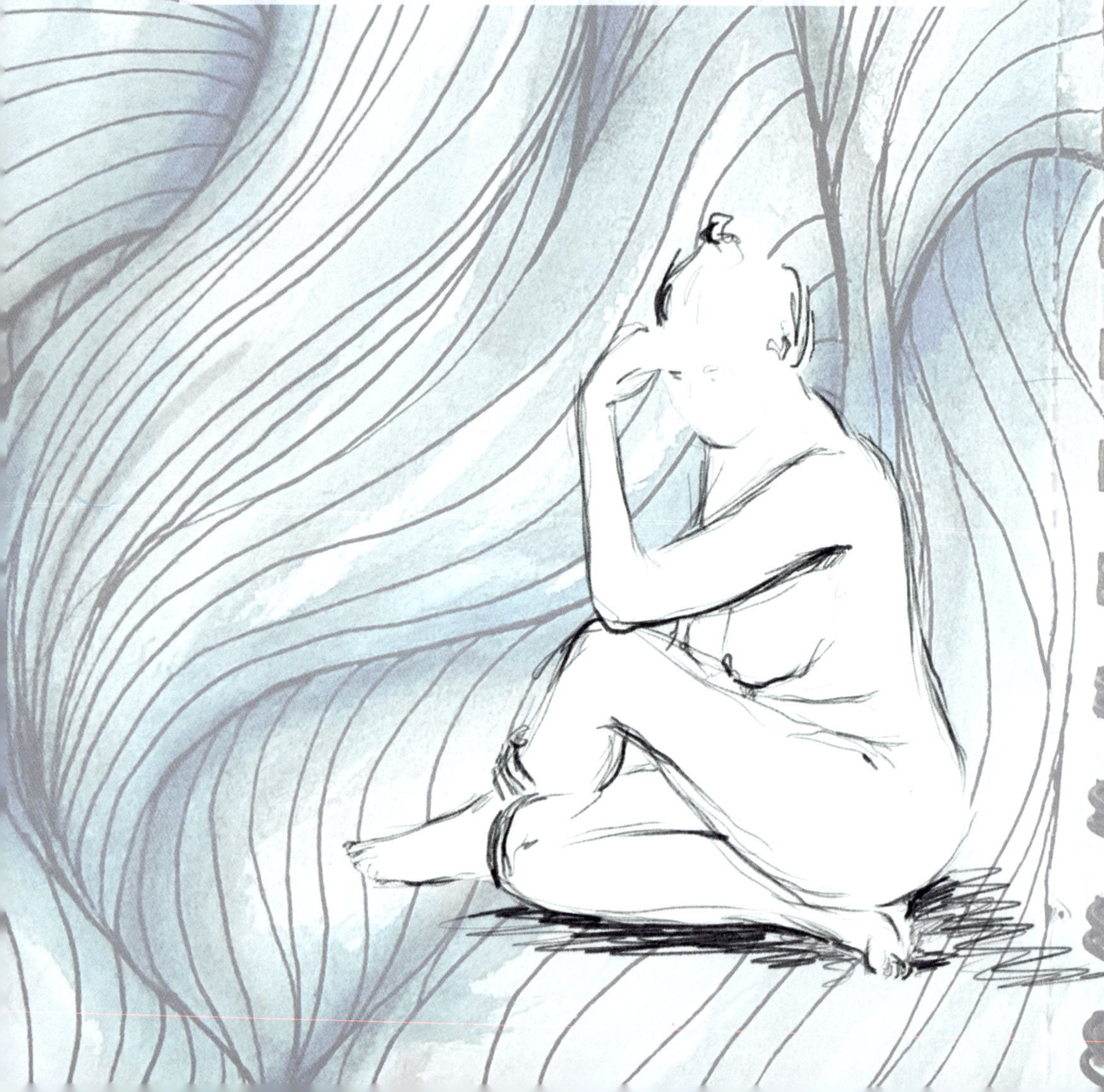

Anhang

Seite 14
Originalzitat von Maya Angelou
„You can't use up creativity.
The more you use it, the more you have it."

Seite 54
Originalzitat von Sigfried Giedion
„Art, indeed, began with abstraction."

Seite 115
Originalzitat von Joseph Chilton Pearce
„To live a creative life, we must lose our fear of being wrong."

Seite 124
Originalzitat von Claire Watson Garcia
„Fall in love with your subject. If you don't, then don't draw it.
You have to be beguiled by the shapes in front of you, not just by the objects themselves. Draw a radish if you like its shapes, not because it's a vegetable you like to eat. That interest in the shapes themselves will keep your energy up as you draw."

„Barbaras Hingabe zu diesem 3-Minuten-Projekt ist sensationell! Ihre Ruhe und ihre Professionalität binden die Zeichenbegeisterten in ihre persönliche Philosophie ein, lassen Raum für eigene Kreativität, holen die Hilfesuchenden dort ab, wo sie stehen – und führen diese dann auf eine wundersame Reise!"

Wolfgang H. G. Felfernig

„1000 Dank, Barbara, du hast mir wirklich geholfen, mich frei auszudrücken. Ein Gefühl, das weit übers Zeichnen hinausgegangen ist – in mein Leben!"

David Greer

Impressum

Idee, Realisation, Illustrationen:
Barbara Baumann
Projektmanagement: Maria Möllenkamp
Lektorat: Uta Koßmagk
Korrektorat: Mareike Weber
Umschlaggestaltung: Dominik Günzinger
Satz: Elke Mader
Repro: LUDWIG:media
Herstellung: Julia Hegele
Printed in Slovenia by Florjancic Tisk

★★★★★

Sind Sie mit diesem Titel zufrieden? Dann würden wir uns über Ihre Weiterempfehlung freuen. Erzählen Sie es im Freundeskreis, berichten Sie Ihrem Buchhändler oder bewerten Sie bei Onlinekauf. Und wenn Sie Kritik, Korrekturen oder Aktualisierungen haben, freuen wir uns über Ihre Nachricht an:
Christian Verlag, Postfach 40 02 09, 80702 München oder per E-Mail an lektorat@verlagshaus.de.

Unser komplettes Programm finden Sie unter

www.christophorus-verlag.de

Die Deutsche Nationalbibliothek verzeichnet diese Publikation in der Deutschen Nationalbibliografie; detaillierte bibliografische Daten sind im Internet über http://dnb.d-nb.de abrufbar.

2. Auflage 2026

ISBN 978-3-86230-465-3

Kreativ-Service

Sie haben Fragen zu unseren Büchern und Materialien? Wir beraten Sie gern rund um alle Kreativthemen. Rufen Sie uns einfach an. Wir interessieren uns auch für Ihre eigenen Ideen und Anregungen. Sie erreichen uns per E-Mail: kreativ-service@c-verlag.de oder unter der Tel.: +49 (0) 89-1306 99 577.

Besuchen Sie uns im Internet: *www.christophorus-verlag.de & www.selbstgemacht.de*